「PRIDE」最後の日

「殺し」の継承

大谷泰顕

幻冬舎

「PRIDE」最後の日

「殺し」の継承

大谷泰顕

幻冬舎

まえがき

本章に入る前に、この場を借りて、断っておきたいことがひとつある。

それは本文中、現役にあるファイターの氏名は、あえて敬称を略して書いた、ということ。つまりは「○○さん」や「××氏」といった言い方はせず、すべて呼び捨てにしてある。なぜかと言えば、それは現役のファイターにこそ与えられる特権であると考えるからだ。要は、現役のファイターこそ、気持ちよく呼び捨てられる器を有した存在なのである。となると同じ人物でも、敬称があれば引退後の話、なければその人物が現役時代にあった話、と判断ができる。


身勝手といえばたしかにそうかもしれないが、それが私のこだわりである。

そしてそのこだわりを集結させた本書には、これまで私がこの尋常ならざる世界で、いかにして生き延びてきたか、その一端が書かれてある。


思えば、この世界には人間の姿をした妖怪や魔物、人の理解を超えた不可思議な現象や不気味な物体がうようよと蠢《うごめ》いているように思う。

時折、夢見心地のような瞬間があったかと思えば、すぐさま欲や嫉妬、鬼や阿修羅、夜叉といったものが迫り来る。いやはやそう考えると、これ以上の千差万別な人間模様に巡り会える場所も、ほかにはないのかもしれない。つまりは、それだけ希有な空間なのだ。

そのなかで、私は自分が常に猛獣遣いとなった恐怖感と、日常的に逃げ出したい衝動に駆られつつ、それでもいままでは、私も少しは立派な妖怪になれただろうか、という自負心や背徳感も併せ持つまでに至っている。

だが、そんな状況において、私が常日頃から意識下に一切持ち得ていない感情がある。

「すべては己の力があったからここまで来れた」

「俺、持ってる」

「I am a GENIUS!（俺は天才だ！）」

これらの言葉は、私の顕在意識には一切ない。それこそ、そんなことは一ミクロンすら思ってもいない。

「すべては周囲の方々による寛大なお力添えがあったればこそ」

こう書くと、「実はそんなこと思ってないんじゃないの？」と御指摘を受けそうだが、これが本当に「俺って周りの方々に恵まれてるな」と思う次第なのだからしょうがない。

そしてこれまで、「観る側」「やる側」「主催者側」「伝える側」の皆様には、こんな私を温かい眼差しで見守っていただいたが、これからも末永く、寛大なる心で見守っていただければ幸いだな、と心より申し上げたい――。

「PRIDE」最後の日　「殺し」の継承　目次

カバーデザイン　ＥＸＤ
カバーフォト　乾晋也

第１章
「ＰＲＩＤＥ」最後の日（前編）

田村の怒り

その日、田村潔司《たむらきよし》は憤慨していた。

「なんで誰もバラさんに『お疲れ様でした』って言わないの？　それが先でしょう」

「孤高の天才」と呼ばれる男が私に向かって不機嫌そうにそう言った。その言葉は静かなものだったが、実は嘆きと怒りが入り交じったものだったに違いない。

田村の言う「バラさん」とは、『ＰＲＩＤＥ』を主催する株式会社ドリームステージエンターテインメント（ＤＳＥ）の榊原信行《さかきばらのぶゆき》代表取締役社長（現在は、沖縄のプロサッカーチーム・ＦＣ琉球代表）のこと。

そして田村の口からそんな発言が飛び出したのは、いまから三年前の二〇〇七年三月二十七日、東京・六本木ヒルズアリーナにおいて行なわれた、『ＰＲＩＤＥ』による「重大発表公開記者会見」の直後だった。

この会見で榊原氏は、十二日後の『ＰＲＩＤＥ34』を最後に、『ＰＲＩＤＥ』に関するあらゆる権利を、『ＵＦＣ（アルティメット・ファイティング・チャンピオンシップ）』のオーナー、ロレンゾ・フェティータ氏に移管し、自らは代表の座を退くことを表明。その後、『ＰＲＩＤ

Ｅ』が『ＵＦＣ』との世界大戦に突入することを大々的に発表したのである。

『ＰＲＩＤＥ』は日本を、『ＵＦＣ』はアメリカを主戦場とするフリーファイト（ノールール、ＭＭＡ＝ミックスド・マーシャル・アーツとも呼ばれる）の大会である。細かな違いこそあれ、双方とも目を突くことや嚙みつくこと、金的（下腹部）への攻撃等、多少の禁止事項以外、主立った攻撃はほとんど認められ、その類いの大会のなかでは、世界に名だたる二大イベントとして知られている。最大の違いは、『ＰＲＩＤＥ』が四角い真っ白なリングを使用しているのに対し、『ＵＦＣ』は八角形（オクタゴン）をした漆黒の金網リングを使用している点。もちろん、闘う場所が違えば、仮に同じルールであっても技術体系は変わってくる。

そして、この「重大発表公開記者会見」には『ＰＲＩＤＥ』の日本人選手たちも大集結。マイクを渡された何人かの選手たちは、一様に『ＵＦＣ』との提携について、さらに言えば、本格的なアメリカでの「開戦」における抱負を激白していたが、会見終了後、この流れに田村が疑問を投げかけたのだ。

榊原氏の思い

正直に言えば、田村ほど榊原氏の思いを無にしてきた男はいない。榊原氏の思いとは、つまりはファンの思いでもある。なぜなら榊原氏は『ＰＲＩＤＥ』の主催者として、常にファンの夢を叶えるべく、ファンの望むマッチメイクを組もうと努力し続けてきたからだ。

ファンが望むもの――それを象徴するのが、田村潔司×桜庭和志戦だった。

田村と桜庭は、同じ一九六九（昭和四十四）年生まれだが、プロ入りは田村のほうが五年ほど早く、先輩後輩の関係にある。桜庭は一九九八年から『ＰＲＩＤＥ』に参戦し、グレイシー一族やヴァンダレイ・シウバといった強豪との激闘で一躍名を馳せ、いつしかエースとして君臨。一方、田村は、桜庭にしか倒せなかったグレイシー一族を、日本人として桜庭に次いで二番目に下し（二〇〇〇年二月二十六日、日本武道館でヘンゾ・グレイシーに判定勝ち）、『ＵＦＣ』の現役王者にも勝利（同年八月二十三日、大阪府立体育会館でパット・ミレティッチに判定勝ち）した実績を引っさげて、二〇〇二年から『ＰＲＩＤＥ』に上陸。その直接対決は、格闘技を観続けてきた者にとっては、垂涎のマッチメイクとされてきた。

ところが、田村がこれを拒否し続けたことで実現をみず、まさに幻の一戦とされてきた。また、この段階で桜庭の立場は、それまで『ＰＲＩＤＥ』最大の立役者でありながら、前年の五月に『ＰＲＩＤＥ』を辞め、敵対する『Ｋ－１』側に寝返った反逆者。つまり『ＰＲＩＤＥ』には桜庭の姿はすでになく、仮の話、いまさら田村が首を縦に振ったとしても、実現不可能な一戦となってしまったのだ。

　ズバリ言えば、これが恋愛関係なら、そんな相手はとっくのとうにおさらばだ、と思えるような態度を田村は取り続けてきた。であるならば、そんな薄情なヤツと関わるより、一刻も早く次の相手を探したほうがいいに決まっている。

　だが、それでも榊原氏は、田村との関係を断たなかった。

「気が長い」

　榊原氏は自分をそう評していたが、その長さといったら尊敬に値する。その証拠に、榊原氏はより一層、執念深く田村と向き合おうとしていた。それは田村にも伝わっていたに違いない。

　だからこそ田村にとって「重大発表公開記者会見」は納得がいかなかったのだ。榊原氏をねぎらうことなく、『ＰＲＩＤＥ』×『ＵＦＣ』の世界大戦という次の展開をファンに期待させる流れこそが、である。

「10年の助走を終え、１００年の未来へ」

「2大リーグ（『ＰＲＩＤＥ』と『ＵＦＣ』と）が交わる時、総合格闘技版ワールドカップ、スーパーボウルが実現する」

　会見場に設置された大型スクリーンには、ファンの期待を煽《あお》るそんな文字が躍っていた。

　たしか会見の翌日、私が田村と電話で話していた際、田村はあらためて榊原氏の話を振ってきた。

「Ｓｈｏｗ（私のこと）から、田村がバラさんに、お疲れ様でした、って言ってたって伝えといてよ」

「そんなの自分でバラさんに電話して言えばいいじゃん」

思わず反射的にそう口にしてしまったが、田村は半ば強い口調でこう返答してきた。

「いや、それはＳｈｏｗから言ってもらえばいいから！」

田村との電話はそんな雰囲気で終わり、私は榊原氏に田村の思いを伝えることになった。

年商は約一二〇〇億円！

「ホントだよなぁ」

田村の意図を電話で伝え聞いた榊原氏は、多少なりとも微笑みながらそう口にしていたが、その胸中は穏やかではなかったはずである。なぜなら、ここに至るまでの心境を考えれば、きっと想像もつかないほどの悩みや苦しみを背負い続けてきたに違いないからだ。

「私は（『ＵＦＣ』と『ＰＲＩＤＥ』という）二人の子どもを同じように愛し続けます」

「取引をしたのは『ＰＲＩＤＥ』を愛しているから。ビジネスのためではない。自分の夢が叶うような試合が観たい」

「私がふたつの団体の頂点に立ち、ＭＭＡの将来とブランドを維持できる」
「重大発表公開記者会見」で、榊原氏から『ＰＲＩＤＥ』を譲り受ける約束を取りつけたロレンゾ氏はそう宣言していたが、この時は誰もがその言葉を信じ、一刻も早く新しい父親に『ＰＲＩＤＥ』が慣れるよう、信頼して見守ることを決意したばかり。つまり彼に『ＰＲＩＤＥ』を託す決心をした榊原氏は、いわば愛娘を嫁に送り出した父親のような心境だったに違いないのである。

というのもロレンゾ氏は、米国ラスベガスを中心に全米で展開されているステーションカジノのオーナーでもあり、その年商は一・二ビリオンドル（日本円にして約一二〇〇億円！）。それだけの富豪の下に愛娘を嫁がせるなら、父親としても愛娘がそれほど苦労はしないだろうと、ようやく嫁ぎ先を決めたはずだったからだ。それは榊原氏が、高騰するファイトマネーを絡めた『ＵＦＣ』との引き抜き合戦に向かうことなく、『ＵＦＣ』と並んだ世界の二大ブランドとして『ＰＲＩＤＥ』を残したい、と考えた末の結論だった。

たしかに、残った日本人選手と一部の外国人選手により、これまでのような大会場ではなく、小規模の会場で『ＰＲＩＤＥ』を続ける方法もあったに違いない。「『ＰＲＩＤＥ』は日本のイベントでなければならない」と自らのメンツにこだわる選択もあっただろう。だが、榊原氏が優先したのはそういった個人のメンツではなかった。

「『ＰＲＩＤＥ』は世界最高峰のビッグイベントでなければならない」

そういった世界的な枠組みのメンツだったのである。

結局、二〇〇七年四月以降、一度も『ＰＲＩＤＥ』は開催されることなく現在に至っているが、その真意のほどは定かではない。

とはいえ、それに関する間接的な記述が、二〇〇八年八月、米国のネット媒体『ＭＭＡ ＣＯＮＶＥＲＴ』で公にされた。ここにアップされた『ＵＦＣ』のダナ・ホワイト代表の動画インタビューによると、二〇〇六年の年末にミルコ・クロコップと契約した際の状況に触れながら、以下の内容が語られている。

「俺たちは五〇回は『ＰＲＩＤＥ』を買収する商談はもう成立した、と思ったよ。だけど、ＤＳＥの連中は、彼らが契約している選手たちと共謀して、俺たちをかついでいたって聞いたんだ。だからミルコ・クロコップとの話が上がった時、積極的にミルコを追いかけて（『ＵＦＣ』と）契約させた。実際そこから『ＰＲＩＤＥ』の崩壊は始まったんだよな。彼と『ＰＲＩＤＥ』の関係は本当に強固だったから、一旦、彼を奪うことができたら、ほかの選手はみんな俺たちと話し合いを始めたもんな。それは要するに彼らにとっての終わりだったんだよ。つまり、それは『ＰＲＩＤＥ』を買収するためのビジネス上の行動だった。それがミルコと契約した理由だよ」

「ミルコを呼んだら『ＵＦＣ』のヘビー級を席巻するだろうとか、そんな感じじゃなかったね。それが、『ＰＲＩＤＥ』をよく知るハードコアなマニアの考えたことだろうとは思うよ。でも、実際は『ＰＲＩＤＥ』を潰すためのビジネス上の行動だったんだよ」

訳し方によって若干のニュアンスに違いはあろうが、ミルコが『ＵＦＣ』と契約したのが「重大発表公開記者会見」に出席する数カ月前に当たることを念頭に、ここに書かれた内容から察すると、ロレンゾ側は最初から『ＰＲＩＤＥ』を潰す目的で接していたようにも受け取れる。それが事実だとしたら、非常に不愉快な話である。

ちなみに「重大発表公開記者会見」が行なわれた六本木ヒルズアリーナには、三〇〇〇人ともいわれたファンが大挙して集結し、その様子を見守っていた。

こう書くと、そこまで驚くべきことには思えないかもしれないが、この場所は天井があるわけではない、いわば青空広場のようなものだった。たしかに試合会場さながらに照明、音響設備が設置され、壇上があって、巨大なスクリーンも……、となれば、六本木ヒルズという場所柄、都会的な雰囲気こそ感じるものの、決して三〇〇〇人が集う空間には思えない。ましてやこの時の『ＰＲＩＤＥ』には地上波のテレビ局によるバックアップがあったわけでもない。にも拘《かかわ》らず、それだけのファンが集結したことを思うと、『ＰＲＩＤＥ』には、それだけの熱く求心的な力が働いていたし、その動向が注目されてもいたのだ。

地球の裏側への電話

たしかあれは、それから二日後の昼下がりだった。いや、もしかしたら午前中だったかもしれない。なんとかして記憶を辿ろうとするのだが、どうしても明確な日時が思い出せない。とにかく、結果的に『PRIDE』のラストイベントとなってしまう『PRIDE34』は、二〇〇七年四月八日にさいたまスーパーアリーナで開催されたが、その一〇日くらい前だったと記憶している。

その日、一本の電話が入った。榊原氏からだった。

適当に雑談した後だったか、それとも電話に出てすぐだったか、榊原氏はこう水を向けてきた。

「今度の『PRIDE』で、タムちゃん、サクとやれんかなぁ……?」

榊原氏の言う「タムちゃん」とは田村潔司、「サク」とは桜庭和志を指す。そして「やれんかなぁ……?」とは、両者の一戦を実現できないか、という意味である。

〈こ、「今度の『PRIDE』で」って、ま、まさか一〇日後の……?〉

一瞬そんな思いが頭をよぎったが、それはともかく、この電話がどこまで無鉄砲で途方もないものなのか。たしかに田村×桜庭戦は、その二人の動向を観続けてきた者にとっては垂涎《すいぜん》のマッチメイクではあるが、先にも書いた通り、すでに『ＰＲＩＤＥ』に桜庭はいないのだ。

もちろん、桜庭が『ＰＲＩＤＥ』を去ったことに関しては、桜庭には桜庭の、榊原氏には榊原氏の言い分はあるに違いないが、少なくともこの段階では、両者に接点があるはずがなかった。いや、あるのは構わないが、それが試合の話を含めたものとなると、非常に不可思議な話だった。

「えっ、サクは問題ないんですか？」

思わず私はそう訊きながら身を乗り出してしまったが、その問いに、榊原氏は最近になって桜庭と連絡を取り合っていることを明かした。いや、のちに明かされた話によると、再び桜庭と榊原氏に接点が生まれたのは、その年の三月中頃のこと。つまり、つい二週間ほど前になる。

この時すでに榊原氏は、自分が『ＰＲＩＤＥ』を退く決意を固めており、それを『ＰＲＩＤＥ』に参戦する主要外国人ファイターが多く住むブラジル勢に説明するため、地球の裏側にあるブラジルまで足を運んでいた。そこへ、酒に酔った桜庭が、ブラジルにいるシュートボクセ・アカデミーのフジマール会長まで国際電話をかけてきたのだ。桜庭はシュートボクセで修行を行なっており、両者の関係はいまや切っても切れないものになっているのだろう。

その際、榊原氏はフジマール会長に電話を代わってもらい、久しぶりに桜庭と話をしたのである。

「サクぅ？」

「サクぅ？」

榊原氏は、受話器越しに『ＰＲＩＤＥ』の髙田延彦《たかだのぶひこ》統括本部長のモノマネをしながら桜庭への第一声を発したという。髙田本部長は田村や桜庭の師匠。

「榊原です。サクちゃん、元気でやってる？」

とまどう様子の桜庭に対し、榊原氏は自分の正体を明かし、軽く挨拶を交わすと、しばらく雑談をしたという。すると受話器の向こう側にいる桜庭が、おもむろにこう言った。

「また『ＰＲＩＤＥ』に出たいです」

もしかしたらそれは社交辞令も含めた言葉だったのかもしれないが、榊原氏は決してそうは思わなかったという。おそらくそれは、桜庭の言葉にそれ以上のなにかを感じ取ったからにほかならない。

日本にいる桜庭と地球の裏側にいる榊原氏。正式に『ＰＲＩＤＥ』を離れてから約一〇カ月の期間にあった両者の心の距離は、実は、地球の半周に当たる、日本とブラジルの距離以上に離れていたかもしれないが、およそ一〇カ月という空白の期間を経て、再び交錯《こうさく》することとなった。

おそらく榊原氏は、結果的に『Ｋ－1』側に寝返らざるを得なかった桜庭に対し、様々な思いを持っていたに違いない。そのうちの代表的な心境は、以下のふたつだろう。

〈どうにかならなかったのか〉

〈どうにかしてあげられなかったのか〉

きっとこの双方の思いを並行させたまま、一〇カ月という月日を過ごしていたに違いないのだ。

そして榊原氏は、思わぬところで久しぶりに桜庭の声を聞き、昔と変わらず普通に会話ができたことで、心にあったわだかまりが少しずつ氷解していくのを感じていたのではないだろうか。

もちろん細かい部分で複雑な思いはあっても、そこは僅か一〇カ月前まで『ＰＲＩＤＥ』という船に乗り、幾多の荒波を乗り越えてきた両者。言葉にせずともわかりあえるものがあるのだろう。

そして榊原氏は私とのやりとりのなかで、田村の相手としての候補に、桜庭以外、もう一人の名前を挙げた。

「もしサクとじゃなかったら、ヴァンダレイでもいいんだけど？」

ヴァンダレイは『ＰＲＩＤＥ』に参戦するファイターのなかでもトップクラスに位置する強豪。田村からすれば、桜庭とヴァンダレイのどちらかを選べ、というのは、究極の選択にも等しい。しかもそれを一〇日後に実現できないか、と言うのだ。

「バ、バラさん、相変わらずムチャクチャな話を平気で振ってきますねぇ」

一言一句そう言ったかは覚えていないが、きっと私はこれに近い言葉を榊原氏と交わしながら、思わず笑ってしまった記憶がある。

左右の両側から

榊原氏との電話を終えた私は、多少のワクワク感を胸に抱きながら、そのまま田村に電話を入れた。

いや、その前に説明すると、なぜ榊原氏が私に電話を入れてきたのか、といえば、私が田村を試合させるに当たり、その交渉窓口としてのパイプを持っていたからだ。正確には私が、田村の代理人となっている木下雄一《きのしたゆういち》氏とともに、田村に試合をさせるための努力を惜しまない立場にいる、と言ったほうがいいだろうか。つまり私は、主催者とファイター（この場合は田村）の間に立って調整を試みる〝間者〟でしかない。

　では、なぜそんな〝間者〟ごときに榊原氏は連絡を入れてくるのか、といえば、それだけ田村に試合をさせることが困難極まりないからだ。これは、どう表現すればうまく伝わるのかわからないが、とにかく田村との交渉は、それこそ一筋縄にいかないのである。

　極論すれば、世の中には〝間者〟の力量なくしてはなし得なかった事柄が往々に存在する。それは、昨今の連立政権だろうと、幕末の薩長同盟だろうと、ビル・クリントン元大統領による電撃訪朝だろうと、そこに向けた命懸けの〝間者〟の働きがあったからこそ実現したのである。いや、政治や外交だけではない。プラダが世界有数の人気ブランドになった背景から、江川卓の「空白の一日」に至るまで、本書がこうして陽の目を見ることになった理由を含め、世の中のほとんどは、良きにつけ悪しきにつけ〝間者〟の働き如何《いかん》によって決定づけられるといっていい。考えれば「人間」「時間」「世間」「空間」……、なぜそういった言葉に「間」という文字が使われているのか。それこそがコネクション（つながり）であり、すべてはコミュニケーションの問題だからである。

　そしてそれが誰であろうと、人間一人が一生のうちにできることなんてたかがしれている。しかも、いくらでも代えが利く「使い捨て」の社会でもある。だからこそ重要なのはコネクションであり、コミュニケーションになる。

いずれにせよ、私は田村に電話を入れた、ように思う。もしかしたら先に木下氏に電話を入れたかもしれない。果たしてそれが実現できるかできないかは別として、こういったあきらかに刺激的な案件の場合、もし木下氏が先だったとしても、木下氏が言うことは、ほぼ決まっている。

「田村さんと喋ってみてくださいよ」

これがひとつ目。そしてもうひとつ。

「(自分が)田村さんと喋ってみます」

前者は、木下氏がなんらかの都合で田村と喋りたくないか、もしくはすぐには連絡を取りづらい状況にある場合、でなければ細かなニュアンスを私から話したほうがいいと思った場合であり、後者はそれ以外になる。

というのも田村は、なにがその理由なのか原因不明のまま、突然連絡が取れなくなることがある。いや、かなりの頻度である、と言ったほうが正確だろう。しかも、こっちからすれば、なにが気に障《さわ》ったのかがわからないのだ。もしくはそれどころではない状況なのか、勝手に一人で憂鬱《ゆううつ》になっているのか。まったく心当たりがないわけではないが、ほとんど皆目見当がつかないのだから始末におえない。

それでも、少なくとも私か木下氏のどちらか一方がつながっていれば、そのルートを辿って連絡を取ればいい。

そしてズバリ言えば、木下氏は待つタイプ。ほとんど自分からは攻めない。それは木下氏が、かつて田村が所属したＵＷＦインターナショナル時代から続く、二〇年来の付き合いであるがゆえに、田村の性格を知り尽くした上での接し方なのだろう。

それに比べてせっかちで、あまり堪《こら》え性のない私はどんどん攻める。しばらく連絡が取れずに腹が立てば、どう思われようが構わないと、嫌味なメールだって送る。だって罪を犯して警察から逃げ回っているわけでもないのに連絡が取れないなんて、現代の世の中で有り得ない事象のはずだからだ。

「Ｓｈｏｗさん、早いですよ」

「そんなことない。木下ちゃんが待ちすぎなんだよ」

木下氏とはそんな要領で、逐一連絡を取りながら、左右の両側から田村及びマット界にとって最良の答えを探すべく、尽力してきたと思っている。それだけに、実際にどうかはともかく、もしかしたら私は木下氏に対して、田村と接する時よりも数倍は気を使っている意識を強く持っている。

「他人事だったら」

とにかく私は田村に電話を入れた。すると、驚いたことに田村が出た。

「電話に出ただけで驚くな！」

たしかに常識的にはそう思うのもうなずけるが、先にも書いた通り、田村とのやりとりは、おいそれとポンポン進むものではない。もちろん、これが「仕事」ではなく、例えば酒の席への誘いのような、あきらかに直接的な「仕事」を感じさせない電話の場合ならともかく、本格的な「仕事」に関する話になると、まぁ、これがいかに連絡を取るのに困難を極めるか。

もちろん、この時の田村は、まさか桜庭戦の話だとは思っていなかっただろう。それだけに、電話に出た田村がどう反応するのか。若干のドキドキ感を抱きながら、私は榊原氏からの話を伝えてみた。

すると田村は、開口一番こう応えた。

「それ（桜庭戦）、面白いなぁ…………」

思わず「おっ！」と思ったのも束の間、田村はこう続けたのだ。

「他人事だったら」

たしかに、二〇〇三年末からこれまで何度もトライしたにも拘らず、結局は実現していない田村×桜庭戦が、榊原氏最後の主催となる『ＰＲＩＤＥ』で実現できたら、こんなに凄いことはない。いや、すべてはこのために『ＰＲＩＤＥ』をやってきたと言っても過言ではないのだ。だが、ほかの選手は知らないが、田村に限っては電話一本で試合の話が進むことは有り得ない。

それでも私は榊原氏に第一報を入れ、こう伝えた。

「タムちゃんは、まんざらでもない感じです」

当然、そこからが苦難の道程だとは思ったが、泣いても笑っても、あと一〇日余り。これが一生続くなら確実に気が狂うのはわかっているが、終わりが決まっているのであれば、自分の心身の限界に挑戦するのも、長い人生のなかの喜怒哀楽のひとつだと思えてくる。

なにを大げさな、と思うなかれ。それだけ田村潔司という男との交渉は、尋常でないエネルギーを必要とするのだ。

しかも今回は、一〇日後に桜庭戦かヴァンダレイ戦をさせたいとの理不尽極まりない話なのである。

それだけ口説きがいのある相手、と言えば聞こえはいいが、それが絶世の美女ならともかく、無骨な偏屈ファイターともなれば、こちらの複雑な心情を理解してもらえるだろうか。いや、それは田村からすれば似たようなもの。きっと私のような珍獣ではなく、それこそ絶世の美女に追い込まれたいと思っているのは、あらためて書くまでもない本音に決まっているからだ。

二四〇時間のすべてを費やして

いずれにせよ私は、翌日から田村に「とにかくやろう」という電話をし続け、自分の解釈と真意をつづったメールを打ち続けることになる。

〈ここでやらなかったら、それこそいつやるんだ！〉

私の頭にはその思いしかなかった。

だが、田村の思いはまた違っていた。雑談から入って、いざ核心に触れようとすると、少しムッとしながらこう反応する。

「だから、いいってそれは！」

こうなると田村は、しばらくここから一ミリ、いや一ミクロンも出なくなる。そして予想した通りと言うべきか、当初は「まんざらでもない」といった雰囲気だったものが、時間とともに、そのニュアンスは違うものへと変わっていった。となると、こっちの気持ちはさらに追い込まれる。

焦り
とまどい
悔しさ
自分の無力さ
そういった様々な感情がカラダのなかを駆け巡っていく。
〈少しはこっちの気持ちも察してよ〉
本音ではそう思っても、一向に田村は折れる気配を見せない。そうなるとどうなるかと言えば、もうケンカになるしかない。
自分の心に「怒り」の感情が芽生えてくるのだ。
「なんでタムちゃんはいまの流れがわからないんだ！」
「これはチャンスだよ！」
「おかしいでしょ、ここでこだわるのは！」
田村が電話に出れば、怒濤《どとう》のように言い放つ。いま考えると、逆の立場だったら相当嫌な思いをするに違いないが、面白いもので、今回ばかりは田村が拒否反応を示せば示すほど、さらに自分のモチベーションが上がっていくのだ。
〈こうなったら、二十四時間×一〇日間＝二四〇時間のすべてを費やしてでも、田村の首を縦

に振らせてやる！〉

自分のなかにそんな思いがふつふつと湧き上がってくるのを感じていた。

「共存共栄」

あの時、なぜ私があれだけ田村を説得したいと思ったのか。

いや、厳密に言えばそれは間違っている。私は田村を説得したかったのではなく、榊原氏の思いに応えたかった。これが正解である。

もちろん、理由はある。

あれはたしか二〇〇四年か二〇〇五年の年末だった。仕事での打合せを終え、クルマを走らせていると、急に気分が悪くなり、運転していたクルマを停めると、その場で嘔吐《おうと》してしまったことがある。

原因はよくわからない。年末で慌ただしかったのと、日頃からの精神的なストレスも含め、肉体が悲鳴を上げてしまっていたに違いない。

そしてこの話を教訓に、何人かの方々にメールを打った。曰く、「年末ですので気をつけてくださいね」という意味合いだった。

しばらくすると、榊原氏から電話が入った。

「大丈夫か？　変な物でも食ったんじゃないの？」

半ば冗談を含め、それでも非常に心配してくれたのが榊原氏だった。私はこの時ほど、榊原氏の親分気質を感じたことはない。

また、榊原氏ほど、「共存共栄」という概念を認識していた人はいない気がする。

たしかに一時期のマット界は、『Ｋ－１』と『ＰＲＩＤＥ』が敵対し、切磋《せっさ》琢磨《たくま》を超えた情念が火花を散らしていたが、そんななかでも榊原氏は、『ＰＲＩＤＥ』の足りないところ、『Ｋ－１』の優れた点をキチンと評価し、少なくとも私は、『ＰＲＩＤＥ』だけが生き残ればいい、といった類いの話を榊原氏の口からは一度も聞いたことがなかった。

それは、そんなことをすれば絶対に共倒れになる、といった理屈を真っ当に理解していたからにほかならないが、実を言うとそれはなかなかできることではない。

「自分の取り分はいくら？　それはいつ手に入る？　取りっぱぐれることはないよね？　それだけは絶対に許さんよ！」

恥ずかしい話だとは思うが、この世界には相手の財布の中身を知っていながら、平気でそういった類いの話を向けてくる、といったことが少なくはないという。

もちろん、本音としてそういう話が実在するのは把握しているつもりなのだ。なぜなら誰しも家庭があり、それぞれが食っていかなければならないのだから。

とはいえ、それは映画『タイタニック』で見た、これから沈没していく豪華客船タイタニック号から、我先にと救命ボートに乗り込んで逃げようとする人たちと似たものを感じないわけではない。

一説によれば、タイタニック号から我先にと救命ボートに乗り込んだ人たちは、海に投げ出されて助けを求める多くの人たちを尻目に、定員六十五名の救命ボートにも拘らず、十二名しか乗せずに逃げ切ったという。いやはや、そんな痛ましすぎる話は、やはり見聞きしたくはない。なぜならこの世界に対して、自然と気持ちが引いてしまう自分がいるからだ。

残念ながら、私はあまりカネを払う立場になったことがない。だから、そういった理不尽な思いはそれほど体験したことはないが、それでも、いわゆるタダ働きになった仕事を数え上げれば本当にキリがない。そもそも、自分の仕事の適正価格がいくらなのか。できれば誰かに教えてほしいと思うくらいなのだ。

だからこそ「共存共栄」の概念を、胸の裡《うち》に刻み付けておかなければならない。そうでなくとも、どこまで行ってもこの世界はそこまで大きなパイではないのである。だからこそ、気持ちの上では本気でやりあっても、どこかで許し合える関係でいなければ、結果的に自分が損をするに決まっているのだから。

「幻の魚」

田村に電話を入れてみる。

「…………」

呼び出し音はするが、出ない。一〇回ほどの呼び出し音を聞いてから電話を切る。

一時間後、また電話を入れてみる。

「…………」

やはり出ない。

二時間後、またまた電話を入れてみる。

「…………」

当然、出ない。

自分としてはのべつまくなし電話を入れているわけではなく、ピンポイントでかけているつもりだが、それに田村が出ることはなく、もちろん折り返してくることもなかった。

それでも、私は自宅にいる時はもちろん、たとえ自分がクルマを運転していようと、気分転換にとその当時、照準を定めていた意中の女性と食事している最中だろうと、その都度、田村に電話をし続け、メールを打ち続けていた。いや、先ほどは「ピンポイントで電話をかけている」と記したが、田村から「ケイタイの着信履歴が、全部Ｓｈｏｗの名前になった」と皮肉られたのは、この時ではなかったか。

「もういいかげんにしてよ！」

実際、口に出してそうは言われなかったが、あきらかにその女性とも険悪な雰囲気に包まれる。それでも、ここに至ってはそんなことも一切お構いなし。こうなると恋だの愛だのセックスだのは二の次であり三の次である。

ちなみに、言い訳ついでに書き記すが、この時の交渉の仕方は、少し尋常ではなかったと、いまでは反省している。本音を言えば、この時は「どう考えても無理」という難題を田村に持ち込んだ時点で、田村の非は薄い。いや、半ばとばっちりもいいところかもしれない。

先にも書いてきた通り、「一〇日後に桜庭かヴァンダレイ」は、いくらなんでも無理がある。それもあってこれ以降の私は、田村と交渉する際、電話やメールの数ではなく、いかに効果的に獲物（田村）を追いつめるか、というコツを掴むための環境づくりに力を入れようと努力しているのだ。

それはどういうことかといえば、例えば、この時のように切羽詰まった状況で、仮に田村からメールが入ったとする。

「今日、時間ある？」

そういった、いわゆるサプライズがあったとしよう。

〈身勝手なヤツだ〉

この段階でそう思えるうちは、本当に余裕がある場合に限る。おそらく田村にしても、そこまで冷酷非情な男ではないが、無意識の部分で「自分がどれだけ必要とされているのか＝自分の身勝手がどこまで通るのか」と、こちらを試している場合だってある。だからその場合、腹の底ではそう思っても、そこはグッとこらえ、こちらがそこに合わせるようにすればいいのだ。

「いつ何時、ノー問題。時間と場所を指定願います」

そうメールを返せばいい。もちろん、涼しい顔をして（相手には見えないが）。

ところが、状況によっては、それが実現できないことだってある。こちらとしても時と場合によっては、どうしても動かせない予定を入れていることだってなくはない。

そんな時でも、平然とその予定を覆せるような人間関係を、自分の周囲につくっておけばいいのである。つまり、田村の対応に変化を求めることはもちろんだが、それとは別に、自分の周りに協力者を増やしておく。実は意外とこれが重要なことだと気づいたからである。

なぜなら、言ってしまえばこの時の田村は、いわゆる「幻の魚」。であれば、それを捕えるチャンスは滅多に巡ってはこない。なにせ、通常の感覚では電話一本で済むことに、平気で何日もかける男なのであり、田村×桜庭戦に限っては、ここまで三年半も拒否し続けているのだ。

「頑張ろう」

これは田村に限ったことではないかもしれないが、とくに田村は、自分の試合をかなり大きなものとして考えている。

この年（二〇〇七年）で考えると、田村はノールールの試合を二試合、Uスタイルルール（拳での攻撃は禁止で、KOや関節技での一本以外に、ポイント制により勝敗を決する）の試合を二試合、計四試合を行なっているが、ファイターとしての自分の出番が年に四回しかないともなれば、自然と自分にとっては特別なものになる。決して軽くは考えられるはずがない。

ましてや二〇〇三年末から、それこそ矢のようなオファーを断り続けた桜庭戦ともなれば、そして『PRIDE』のトップファイターの一人であるヴァンダレイ戦ともなれば、すんなりと「OK」するわけがない。リングに立つには、それなりの準備が必要になる。

その準備をあと数日でしろ、というのだから、繰り返しになるが、ズバリ言って非常に無理がある、かなりハードルの高い話なのだ。言ってみればいきなり一〇日前に電話してきて、「（日本で一番難しいとされる）東大の理科三類に合格しろ」だったり、「エベレストに登れ！」

と世界最高峰の山への登頂を迫られるに等しい。いわば現実世界ではあまりお目にかかれない、ドラマのような話なのだ。

とはいえ、この業界において、プロ意識の高いファイターは本当に数が少ない。いや、誤解を承知で言えば、ほんのひと握りしかいないと言ってもいいだろう。なぜなら一様に、リング上のことしか考えないからだ。つまり、いつのまにか職人気質のファイターが増えてしまったのである。

「『試合』というのは、入場一割、試合前のパフォーマンス(いわゆる相手への挑発と試合へのプロモーション)三割、そしてリングの闘いが六割。それで成り立っているのが『試合』だと思う」

これは二〇〇九年の大みそかに引退した魔裟斗《まさと》の弁だが、「格闘技」の世界においてこれを実行しているファイターは、とくに二十一世紀に入ってからは魔裟斗がダントツで第一位だったに違いない(以下、バダ・ハリ、ミノワマン辺りか。意外に思うかもしれないが、渡辺一久や高谷裕之のような、いわゆる不良系の選手は貢献度が高いと聞く)。厳密に魔裟斗のファイトマネーの金額を把握していないから滅多なことは言えないが、おそらく費用対効果を考えれば、魔裟斗以上にそれが成り立っていたファイターは存在しなかったのではないか。それだけ魔裟斗は偉大だったのである。

話が少し横に逸れた。元に戻そう。

田村と話し終えた私は、代理人の木下氏にその様子を報告しつつ、今度は逐一その状況を榊原氏に報告した。

「迷ってますね」

「厳しいかもしれません」

「サクやヴァンダレイみたいな精神的に重い相手でなければ、試合はやりそうです」

「やっぱり無理かなぁ……」

榊原氏への報告内容は、そんな雰囲気で、徐々にその意味合いを変化させていた。

「力不足ですみません」

私はその都度そう話したが、榊原氏も田村がすんなり了解するわけがないことは百も承知。そこは理解を示してくれた。

「Ｓｈｏｗのせいじゃないから」

そして榊原氏との電話は、いつも呟《つぶや》くように発するこの言葉で終わっていた。

「頑張ろう」

それでも自分としては、なんとかして榊原氏の最後を華やかに飾りたい。

〈格闘技の神様！　なんとかお願い！〉

私は祈るようにそう願っていたし、おそらく榊原氏もそう思っていたに違いない。

「情報を遮断される恐怖」

さて、ここで「人間はなにによって一番不安に陥るか？」について考えてみたい。

自分の経験上で言わせてもらえば、それは情報を遮断されること。これに尽きる。つまり、人間関係において、相手がなにをどう考えているのかがわからない時、これが最もヒドい仕打ちとなるのではないだろうか。仮に先方にその気がなくとも、いわゆる「無視（シカト）」されたことと同じになるからだ。

この場を借りて言ってしまうが、もし誰に限らず、そういった極悪非道の手法を用いながら周囲の方々との人間関係を築いている人がいたら、即座にそこだけは改善することを勧める。要は、もし連絡してほしくないのなら「連絡するな」だったり「あと○日待て」と伝えるだけの、人としての最低限に当たる「親切心」を持つこと。「親切心」という言い方がしっくりこなければ、「器量」と言い換えてもいい。

「情報を遮断される恐怖」

こう書くと大げさかもしれないが、実際それに近い心境に陥るのは嘘ではない。

あれは田村が桜庭戦のオファーを断りはじめてから丸一年が経った二〇〇四年末のこと。結局は二年連続で実現せず、どの段階からか、誰もが田村と連絡がつかなくなっていた。いや、あえて言うなら榊原氏以外は、田村×桜庭戦の話を推し進める気力を失いつつあったのかもしれない。それだけ、田村の拒否具合が著しかったからである。

私の記憶によれば、年が明け、一月も半ばを過ぎた辺りだったか。田村に連絡を入れると、本当に久しぶりに電話がつながったことがある。

「いまどこ?」

たまたまクルマを運転していた私は、そのまま田村の自宅のある神奈川県の方向に進路を変更しつつ、それを探りながら雑談を続けた。この時、田村は最後までこちらの問いに答えることなく、雑談だけして電話を切ったように記憶しているが、それでも私はその段階で、とりあえず東京二十三区を越え、田村の自宅のかなり近くまでクルマを走らせていた。

電話を切ってすぐ、その話を榊原氏に伝えたが、内容以前の話として、榊原氏がこれ以上ないくらいにホッとしていたことを思い出す。

つまり桜庭戦をやるかやらないか、なんてこと以前に、連絡が取れたことを安堵《あんど》していたのだ。そんなヤツ普通いないよ、クソ真面目な話。

だが、その一方で、私はこんな気持ちも持ちえている。

〈連絡を断っている間、田村はなにを考えているのだろうか？〉

先ほどあった、カネを払う側と同じく、私はあまり情報を遮断する側になったことがない。そのため、そちら側の心境は定かではないが、さりとて田村は凄い。なにしろ、一時期の田村×桜庭戦を求める機運の高さは尋常ではなく、実現に向けて様々な手段が取られたに違いないが、結果的に田村は、それをすべて撥《は》ね除《の》け続けたのだから。

つまり、オファーした榊原氏の心境、その結果を待つ桜庭の心境、そしてその間に入る人たちの心境、これにこの一戦を待ちわびる「観る側」の心境を、結果的にはすべて無視した田村の心境は、いったいどんなものだったのだろう……？

「なぜ桜庭戦をやらないんですか？」

果たして田村はどれだけの人からそう聞かれたのだろうか？　いや、実際口に出しては言われなくとも、それを求める顔や視線に、飽きるほど田村は遭遇したはずである。

それでも、田村はそういった言動や世論からの視線や表情を甘んじて受ける選択をした。いやはやもの凄い精神力の持ち主ではないか。これは、褒め殺しで言っているのではない。嘘偽りなくそう思うのである。なぜなら「プロ」として「観る側」の期待に、あえて応えないなんて、相当の「覚悟」がなければできるものではないからだ。

いまとなっては田村本人すら思い出せるのか知らないが、私は可能なら、あの時の田村の心境を、ほんの一瞬だけでいいから体感してみたいと思う。というのは、あまり長い間それに耐えられる自信が、私には確実にないと思うからである。

次なる手段

仮の話、これが男女間の話なら、あくまで二人だけの「プライベート」な問題で済むがゆえに「それは察するものでしょう」という言い分を理解できる気もするが、周囲を巻き込んでしまう「仕事」の場でそれをやられると、本当に困るというか、困り果ててしまう。

ただし、これは両者にあらかじめそれなりの信頼関係が存在した場合のみ有効とする。

というのは、それが「プライベート」だろうと「仕事」だろうと、それまでまったく接点がないにも拘らず、都合のいい時ばかり連絡を入れてこられると、かえって相手を憤慨《ふんがい》させ、情報を遮断したくなるからだ。だって、それまで接点を持ってなかったのだから、いまさらなくてもいいじゃないか、となるのは当然である。

だが、田村に関しては、普段から極力接点を持っていようと、本当にその気がなければ、こちらが仮に何万回電話を入れようと、絶対に電話には出ないし、たとえ何億回着信履歴を残そうと、決して折り返してはこない。いや、まだこの段階では、電源のスイッチが入っているだけマシだと思うべきなのである。

「社会人なんだから、一度くらい折り返すのがマナーでしょう」

たとえそんなメールを何度打ったところで、そこまでいけば田村も次の段階に進むだけ。要は開き直ってしまうのだ。

「自分には関係ない」

本質的にそうは思っていなくとも、結果的に田村は自分をそんなスタンスに追い込み、一切の連絡手段を断ってしまう。こうなると、本当に悔しさと哀しさでいっぱいになるが、そんなこっちの気持ちがどこまでわかっているのか。それでも、田村とはそういう男なのだと「理解」はできなくとも、「把握」はしながら交渉を進めなければならない。

だから先にも書いた通り、田村が電話に出るだけまだ十分マシ、といった心境になるのである。

もう一歩突っ込んで言えば、田村も今回に限っては、とりあえず電話はつながるのだから、まったくその気がないわけではない、ということになる。いや、実際にその考えは当たっているに違いない。

だが、その後も続く、こちらの執拗な電話やメールでの連絡に、やはり田村はこの手段を取ってきた。

今度は電話そのものが一切つながらなくなったのだ。

「(田村の)電話がつながらなくなりました」

榊原氏にだけはキチンと状況を報告しなければ、と思いながら、泣く泣くそう伝えると、受話器越しに少し寂しそうな表情を浮かべていることが伝わってきた。

〈やっぱり今回もダメか……〉

この段階で、榊原氏はそう思ったに違いないが、そう報告した私は、半ば気が狂いそうになっていた。

「桜庭万歳!」

果たして勇退が決まった榊原氏に対し、田村が「お疲れ様でした」という気持ちを持っていたことはすでに述べたが、実を言うと、こちらが田村の意思を榊原氏に伝えるのとほぼ同じタイミングで、もう一人、別の男からも榊原氏に電話が入っていた。桜庭だった。

「榊原さん、お疲れ様でした」

桜庭は、榊原氏との会話のなかでそう口にしたという。

　不思議なことに、榊原氏の勇退について、そういった意思を表明したファイターは、田村と桜庭の二人だけだったというのだ。これに関してはいろいろな見方ができるが、それだけ田村と桜庭がほかのファイターに比べ、榊原氏に対して密度の濃い喜怒哀楽を共有してきたのだろう。そして、最も榊原氏に苦労をかけた、という意識が強かったからではないかと思う。

　しかも桜庭は、榊原氏にこんな提案をしてきたという。

「今回の『ＰＲＩＤＥ』なんですけど……、試合がしたいです。ギャラはいらないので」

　おそらく桜庭は、それが言いたくて、わざわざ榊原氏に電話をかけてきたのだ。

「えっ、本気なの？　二週間後、いや、もう二週間ないよ？」

「大丈夫です」

「でも、サクが出たくても、『ＨＥＲＯ'Ｓ』（『Ｋ－１』系のノールールの大会）との契約があるでしょう？」

「いや、契約上はできるんです。ただ、谷川（貞治＝Ｋ－１イベントプロデューサー）さんに許可は取らないといけないので、僕から話しておきますから」

「ホント？　それができるなら凄いね。でも、やれたとしても、誰とやろう……？」

　そんな会話を交わした榊原氏と桜庭だったが、この段階（十一日前）になってマッチメイクが決まっていないのは、ヴァンダレイ・シウバだけ。それでも桜庭は「ヴァンダレイでも行きます！」と榊原氏に伝えたという。

〈サクってなんて凄い男なんだろう！〉

私はその話を聞いた瞬間、ダイレクトに心が震えた。

「桜庭万歳！」

そう叫びたくなるくらいだった。

だが、そこまで言っている桜庭に、ヴァンダレイとかつてのような「死闘」を演じさせるのはあまり気が進む話ではなかった。それは、事ここに至っては『ＰＲＩＤＥ』を観続けてきたファンでさえ望むだろうか？　勝敗の問題ではなく、それは違うような気がした。榊原信行という『ＰＲＩＤＥ』の生みの親を送り出す大会に求めるものは、この先につながるものであってほしいからだ。

そしてこのやりとりと前後するように、こちらが田村の気持ちを伝えた際、榊原氏は思い立ったのだ。

〈自分に「お疲れ様」と伝えてきた二人（田村と桜庭）だからこそ、もしかしたら自分の手がける最後の『ＰＲＩＤＥ』でこの対戦が実現するかもしれない。こうなったら最後の最後に、田村×桜庭戦に挑戦するしかない！〉

不安

田村との連絡がつかなくなってから、私は眠れぬ日々を過ごしていた。三日も経つと、思い出したようにしかメールは打たなくなってはいたが、心配が度を越えてしまうと、まったく眠ることができない。

〈もし試合当日、これが実現しなかったら、自分はどう責任を取ればいいだろう……〉

〈バラさんにどうお詫びしよう……〉

〈ファンにバラさんはどう思われるだろう……〉

これ以上ないくらい、様々な不安が脳裏をよぎった。もちろんこの土壇場で、田村×桜庭戦に動いていることをファンは知らないわけだから、榊原氏がその件でどうこう言われることはないが、それでも実現するか否かでは、それこそ天と地の差がある。自分が不眠症になるくらいで済むならいくらでもなるが、こうなるとその程度では済まされない。とにかく自宅のソファーに横になって眠れぬ日々を過ごしつつ、時折、田村につながらない電話を入れながら朗報を待つ。いまの私にできることはそれしかなかった。つまり不安とは、様々なカタチとなって行動制限を呼び起こすのである。

ここまで書いてきた通り、もしかしたら電話一本で済む話が、田村にとっては、その電話一本がなかなかつながらないのだから始末におえない。そんな状況なのだから、いかにテーブルに着かせるまでに労力を要するか。

さらに言えば、私にしろ木下氏にしろ、田村の代理人業を本業としているわけではないものの、こうなった場合は、それを最優先にして、ほかの業務をこなさなければならない。その上、だいたい田村と交渉する場所に指定される登戸（田村の自宅近辺）は、神奈川県川崎市にあり、電車だろうとクルマだろうと、私たちの生活圏である都内からだと小一時間は最低かかる。しかも田村からの指示は、当日にならないと来るかわからない場合がほとんどであり、さらに言えば、時間は夜一〇時か十一時スタートになる場合が多い。これは田村が、自身の持つジムにおいて、会員に指導をしながら練習をするため、どうしてもそれが終わってからになるからだ。〈な〜んだ、何度も電話を入れるくらいなら、ジムの前で待ち構え、田村と直接会って話せばいいのに〉

もしかしたらここまで読んでみて、そう思う方がいるかもしれないが、その方法を用いるのは、本当に一か八かを迫られた場合の最終手段。そこまでのストーカー行為は、できればこちらも避けて通りたい。いや、田村の立場になれば、電話やメールよりも、そっちのほうが楽な場合もあるかもしれず、その辺は様子を窺《うかが》いながら、進め方を選択すべきなのだろうと思う。

青年実業家ファイター

たしかに田村からすれば、自身の足元を固める基盤としてジム経営に尽力し、常に「経営者・田村」として大半を過ごしているに違いない。というのも規模の大小は別として、田村は登戸を手始めに、東京・調布、町田、赤羽、大森と、都内の近郊に五カ所のジムを保有する。私が知らないだけかもしれないが、おそらくそんな現役ファイターは日本には存在しないだろう。つまり、田村潔司は日本随一の青年実業家ファイターなのだ。となれば、「インストラクター（指導員）・田村」やジムの会員向けに開催される大会を主催する「主催者・田村」という側面も含め、それだけジムに関わる雑務が、頻繁に巻き起こっていると考えるべきである。

だが、どうしても我々が求めるのは「経営者・田村」や「インストラクター（指導員）・田村」や「主催者・田村」ではなく、「ファイター・田村」になる。もちろん、田村としても「ファイター・田村」を求められるのはありがたい話だとは認識しているのだ。だからこそ、田村自身のなかでそのどれもがせめぎ合い、常にその狭間で揺れ続けながら葛藤しているのだろう。おそらくそれは、我々が思っている以上に辛辣《しんらつ》な闘いを繰り広げているのかもしれないのだ。結果としてはそれが、「時間がかかる」ということの理由なのではないか。

しかも田村の場合、「ファイター・田村」は、野球で言うなら「監督兼選手・田村」なのである。それは、田村がここまで二〇年以上、マット界で培ってきた見識が、自分を第三者として観る術を自然と養わせてしまったに違いない。つまり「監督」としての言動が、桜庭戦を「面白いなぁ…………」と口にさせ、「選手」としての物言いが「他人事だったら」と次いで出るのだろう。

とはいえ、自分の価値を客観的に判断できる目を持っている――すなわちそれは、田村が一流の選手だという証拠でもある。

「経営者・田村」
「インストラクター（指導員）・田村」
「主催者・田村」
「ファイター（選手）・田村」
「監督・田村」

これにプライベートでは、この年から「夫・田村」まで存在することになるのだから、そのそれぞれを高得点で成立させようとすれば、田村でなくとも膨大なエネルギーを必要とするに違いない。つまり田村は、我々が思っているよりも、もっとずっと器用な男かもしれないのだ。なぜなら普通は、どれかを誰かに任せるもの。それだけ田村が他人を信用していない、と言えるのかもしれないが、そうだとしたら、なかなか田村の近くに人は寄ってこないだろう。少なくとも私には、そこまでいくつもの「役割」をこなす自信もなければ、挑むだけの度胸すら存在しない。いや、その前によくもそれだけ一人何役もこなせるものだと、その欲の深さは率直に賞賛する。これもまた茶化しているのではない。本音の話として凄いと思う。

というのは、いま世の中を見渡しても、周りは欲の小さな人間ばかり。それでは、他人から興味深いと思わせるものを表現できるはずがない。

突然、届いたＦＡＸ

ただし田村の問題は、そういった諸々の側面での奮闘ぶりが、一部の人にしか伝わっていない、という点だろう。

ここでひとつ、あるエピソードを紹介しよう。

あれは何年前のことだったか。

ある日、私の自宅に、なんの前触れもなく、突然、ＦＡＸが届いた。ＦＡＸと言ってもＦＡＸ用紙ではない。ＦＡＸとコピーやスキャナーなどが一体になった複合機である。

ちなみに、送り主を見ると、そこには見聞きしたこともないような店の名前がある。もちろんどこかの懸賞に当選したわけでもなければ、誰かに頼んだわけでもない。この話だけでは、非常に不可思議な現象に思えるが、実はその送り主こそ田村だったのだ。

というのは、この数日前、田村と雑談をしているなかで、私の持っているＦＡＸが古く、近いうちに買い替えないと、という話をしていたことを思い出したからである。

もちろん、すぐに連絡を入れて確認し、その場で御礼を言ったが、これが田村流の気遣いなのである。つまりは非常に伝わりにくいというか、独特なのだ。実際、これだと田村の思いがストレートに伝わらない場合もあるに違いない。それは、あえて田村がそうしているのか、偶然そうなっているのかはわからないが、田村に足りないのはその部分になる。だが、もしかしたら田村の深層心理にある美意識として、そういったことを表面化したくないのだとしたら、現代には珍しいほどの古くさい思考の持ち主だということになる。

これを例に取ればわかる通り、田村のツボさえ把握できれば、決して人間性は悪いとは思わないが、何度も書いてきた通り、自身の「試合」に関する話となると、決めるのに尋常でないくらいの時間がかかるのは、本当に困ったものである。

また、先ほど田村がいくつかのジムを持っていることに言及したが、まずその時点で田村は、ジムに関する業務をこなしながら練習をしなければならない、という大変さが生じてくる。いったいそれが、どこまで骨の折れるものなのか。その部分は完全に推測するしかないが、おそらくそれは私が思っている以上に過酷な状況を極めるのかもしれない。

しかも、そこには数多くの弟子がいる。そして、その頂点に立つ者として田村が君臨しているとなれば、その田村が「試合」をすることは、その結果がすべてジムの命運を左右することになる。当然、「敗北」の二文字を避けたくなるのが本音だろう。いや、この場合は「負けたくない」という、自身の願望も含めた意識の話ではなく、立場的に「負けられない」という切羽詰まった心境に陥るのかもしれない。

さらに「観る側」を第一に考える「プロ」としての「試合」を追求してきた田村からすれば、勝敗の行方以上に重要視されるのはその「内容」。その部分を強く問われることになる。つまり「しょっぱい試合」だけは、絶対に避けなければならない、という宿命にも似た責任を背負うことになるのだ。

そういった諸々の事情が重なった結果、田村自身が、自分をリングに上げるためのハードルを超えるには、かなり高いレベルのモチベーションが必要となってくるに違いない。結果として、相当追い込まれない限り、自身のスイッチを入れることが難しくなってくる、ということなのだろう。

さて、実は今回、あらためて自分の携帯電話やＰＣ（パソコン）に残されたメールを確認したが、偶然にも、まだ残されていたものがいくつか存在した。もちろん、こちらから田村に宛てたメールの数のほうが圧倒的に多く、田村からの返信は何件もないが、そのうちの一件が、四月一日の午前〇時四分に確認できた。

田村からの返信メールは、以下のものである。

「厳しいかな

試合も……」

これは、数日前にこちらから送った「時間ありそうですか？」の問いに答えたものとなっている。

たしか、これを見た私は、すぐに田村に電話を入れたが、当然出るわけもなく、返す刀で代理人である木下氏に電話を入れ、対応策を話し合った気がする。

エイプリルフールになってすぐに届いたメールだったが、それが冗談なのか本気なのか、なんて考える余裕は一切なかった。いや、あらためて考えると、メールとはいえ、田村が自らの意思を示したのは極めて珍しいことだった。というのも田村は、その考えをどちらにも振らぬまま時間が過ぎていき、タイムリミットとなるパターンがほとんどだったからである。つまり「経営者」「インストラクター（指導員）」「主催者」「ファイター（選手）」「監督」「夫」……といった役割の優先順位に調整を要する時間が足りないと、どうしてもそうなってしまうのだろう。

その点、今回は、のっぴきならない切羽詰まった状況が伝わったのか、もしくは単なる偶然なのか。いずれにせよ、なんらかの返答だけはしないといけない、という意識が働いたに違いない。

交渉のテーブル

結局、事態が動いたのは、田村からのメールがあった半日ほど後、つまりその日（四月一日）の午後から夕方にかけてではなかったかと思う。おそらくこの日の午後、木下氏から私に連絡が入り、翌日の晩、田村から時間をつくる旨の連絡があったことを聞かされたに違いない。なぜその時間が特定できたのかといえば、私はその日の午後七時四十八分に、以下のメールを田村宛てに送っているからだ。

ちなみにその内容は、榊原氏や木下氏とやりとりし、それぞれの意見を集約させた上での内容になっている。

件名「考えたんですけど……」

「ここは一発サクとやるべきじゃないですか？

お互い若くないし、このタイミングが最後だと思うんです。

単純に年齢的なことを考えたら、もうお互いが熱をつくることはできないよ、きっと！

てか、やっぱり話題を取ってこそプロじゃないですかね？

おそらくバラさんはそこまで考えてないかもしれないけど、こうなったらＫ－１とＰＲＩＤＥの架け橋になれる唯一の鍵を握ってるのはタムちゃんしかいないと思う。

その鍵を開ける代わりに、この後にＰＲＩＤＥだけじゃなく、自然な形でＫ－１にも乗り込めるように、バラさんに話をしてみようよ！

というより、その鍵をいま開けなかったら、もう誰も開けられないですよ。

仮に誰かが数年後に開けたって、完全に時期がハズれるに決まってます。

いや、そんなことじゃなく……、とにかく歴史をつくろうよ！

そう、歴史をつくるのは、いまのタムちゃんしかいないんだから！

ま、それでも結果として今回も縁がなかったってことにするのも、ひとつの選択だとは思うけど……。

いずれにしろ、とりあえず明日、会えるのを楽しみにしてます。

どうなるにせよ、最終的に出した結論を否定しませんから、もう一度考えてもらえれば幸いです！」

また、田村にこれを送った後、私は自分の送信したメールを読み返しながら、約一〇分後の午後七時五十九分に、先ほど書き忘れた件を追加で送っている。

件名「といっても」

「田村さんが了解しても、先方（※この場合は、桜庭本人ではなく、『Ｋ－１』側を指す）が承知しないかもしれないですけどね（苦笑）。

ちなみにサクは、相手が田村さんでもヴァンダレイでも、三日前に言ってもらえばやると言ってるみたいです……」

もちろん、これに対する田村からの返信はない。

それでも自分の手帳を見る限り、翌日の晩には、木下氏を含め、田村と三人で会って話していることを確認することができる。正確には四月二日の夜七時過ぎ。場所は登戸にあるファミレスだった。

とにかく時間が迫っていることもあり、こちらの焦りは田村も十分に感じていたに違いないが、それでも田村が交渉のテーブルに着くまでに丸四日以上の時間がかかったことになる。これが早いか遅いかは、これを読んだ人それぞれの判断にお任せするが、田村にとってはこれが最速の対応だったのだ。

この時は、まずここまでの状況を再度三人で整理しつつ、確認し合いながら、もし桜庭戦なりヴァンダレイ戦を受けた場合の勝敗によるメリットやデメリット、受けなかった場合の評価、世論といった話も含めて、幅広く話をしたように思う。

もちろんここで結論が出れば最高だが、田村の場合は一度の交渉で結論が出た例はなく、最後は「時間もないので、なるべく早く前向きな結論を出してほしい」といった落としどころで終わったような気がする。

時間的な問題を考えると、「なるべく」どころか「一刻も」早く「ＯＫ」の結論を取り、榊原氏の喜ぶような連絡を入れたい、とは思ったが、やはりそういうものではないようだ。とにかく田村は、とくに「試合」に関しては人一倍時間がかかる。いや人一倍どころではない。尋常ではないくらいに時間がかかるのだ。

もちろん、どんなに理不尽だろうと、どれだけややこしくなろうと、それが自分に与えられた「仕事」、いや「役割」だと思えばやるしかないが、そこから曖昧な結論しか出ない交渉をどれだけ続けるのか……。

そう思うと、本当に気が重くなる時もある。情けない話に聞こえるかもしれないが、それが偽らざる本音なのだ。

気分転換

自分の手帳を見ると、田村、木下氏と会った四月二日の翌日は、夜九時に「ＤＳＥ」、夜十一時に「わたる」とある。

その記述を辿りながら記憶を整理すると、たしかＤＳＥで榊原氏と軽く打合せをした私は、その場に居合わせた山口日昇《やまぐちのぼる》社長（現・ハッスルエンターテインメント株式会社代表取締役）に誘われ、食事をしようということになった。

そして向かった先が、東京・代官山にある「わたる」だった。ここはタレント（女優）である小池栄子《こいけえいこ》夫人の旦那として知られるプロレスラー・坂田亘《さかたわたる》の経営する創作和食の店。おそらく半年以上前には開店していたような気がするが、なかなかタイミングが合わず、一度も訪れてはいなかった。

一方、山口社長は、坂田が『ハッスル』に参戦しているためか、それなりに訪れているらしく、店に着くなりオススメ料理を注文していたことを思い出す。

『ハッスル』とは、「ファイティング・オペラ」と称し、著名なタレントや芸人をリングに上げて試合をさせることで話題をさらってきたイベントである。『ＰＲＩＤＥ』ではテレビ解説を務める髙田延彦統括本部長が、別人格の髙田総統に扮することでもメディアの注目を浴びてきた。

私と山口社長とは、もうかれこれ十五年以上の付き合いになり、ひと頃は毎晩のようにこの世界の出来事を話題にしながらああだこうだとやってきたが、この頃は、そこまでの濃密な接点は持っていなかった。

そして、私が田村に対する交渉役を担うことになる前は、山口社長がその「役割」を担っていた。

田村に関して言えば、『PRIDE』初参戦となったヴァンダレイ・シウバ戦（二〇〇二年二月二十四日、さいたまスーパーアリーナ。二ラウンド二分二十八秒、田村のKO負け）、高田延彦戦（二〇〇二年十一月二十四日、東京ドーム＝高田の引退試合。二ラウンド一分〇秒、田村のKO勝ち）、吉田秀彦戦（二〇〇三年八月一〇日、さいたまスーパーアリーナ。一ラウンド五分六秒、吉田の袖車絞めで田村の負け）といった分岐点となる試合は、山口社長が周囲と協力して田村を口説き落としたものだ。その後、『ハッスル』の代表として田村と向き合うことが難しくなったため、私がそれを引き継いだ格好になった。それだけに山口社長にすれば、田村への思い入れは格別のものがあるには違いないが、この時の山口社長は、いかに『ハッスル』を盛り上げるか、といった部分が主になっており、言い方によっては「田村どころではない」といった雰囲気だった。

途中、そこに坂田も同席し、今度は三人でこの業界に対しての話になったことだけは覚えているが、なにをどう話したのか、いまとなっては一切記憶に残ってはいない。

寂しい話かもしれないが、この時の私も、山口社長にどこまで頼っていいものかわからなかったし、以前のように完全に腹を割って話をできていなかったことだけは覚えている。それでも、余裕のなかった私にとっては、少しだけ気分転換になった会食だったことは間違いがない。

『Ｋ－１』側との交渉

翌四月四日は、横浜アリーナで『Ｋ－１ＷＯＲＬＤ ＭＡＸ』が開催された日である。

この日、私は同所でその大会を観戦し、それから登戸に出向いて田村と二人で会った。時間は午前〇時を過ぎていただろうか。別れたのは深夜二時過ぎにはなっていただろう。

この時は、どうにか前向きな回答を得たいと思ってはいたが、それよりも田村の温度（真意）を落ち着いて確認すべく、交渉というよりも聞き役に徹して話を聞きに行った記憶がある。その際、たしか二人で寿司を食べながら話し合った。そこでは、田村への交渉はもちろん、さっき観てきた『Ｋ－１』のこと、前日に山口社長と坂田に会ったことも含め、多角的に話を進めたことを覚えている。

ちなみにこの日の田村は、思ったよりも落ち着いていた。数日前、連絡が取れなかったのが嘘のように。

ここで一瞬だけ話が逸れるが、聞けば検察庁で重要人物が取り調べられる場合、なにを訊かれるのかを想定し、用意周到に準備してきた相手に対し、検察側は、あらゆる手法を用いて話を聞き出すという。それが大物になればなるほど、その変化球の度合いと交渉方法は多岐にわたる。

「なぜあなたは井伏鱒二が好きなんですか？」

例えばそうやって好きな小説家の話から開始し、まったく本題とは違った話をしながらやりとりをしつつ、知らぬ間に検察側のペースに乗せられた重要人物は、本来は言わないようにと準備してきた内容をいつのまにか喋っていた、という話も少なくはないという。つまりは、完全な心理戦なのである。

そう考えると田村との交渉も、また完全な心理戦であり神経戦。つまりはこれに勝たなければ、田村をリングに上げることはおろか、交渉の席にすら着かせることができないのは、ここまで書いてきた通りである。

一方、田村との交渉を続ける間、榊原氏は榊原氏で、桜庭の契約相手である『K－1』側との交渉を続けていた。

四月三日、K－1イベントプロデューサーであり、『K－1』を主催する株式会社FEGの谷川貞治《たにかわさだはる》社長。

四月四日、『Ｋ－１』の知恵袋である、株式会社ローデスの柳沢忠之《やなぎさわただゆき》社長。

そして四月五日には『Ｋ－１』の生みの親である、正道会館の石井和義《いしいかずよし》館長（現・宗師）とも会って、粘り強く交渉を続けていた。

榊原氏からすれば、二〇〇二年までは、ともに格闘技界を盛り上げるために支え合ってきた人たちと、約五年ぶりにテーブルに着いたことになる。もちろんその間、まったく接点がなかったわけではないだろうが、本格的な「仕事」の話をするために接触したことはなかったはずだから。

それでも、やはり前向きな回答は得られなかった。

「桜庭に関しては、契約上の問題はないが、スポンサー及びテレビ局の同意を得るのに時間がかかる」

これが『Ｋ－１』側の説明だったという。

無理もない。仮に契約上は問題なかったとしても、『Ｋ－１』にはスポンサーやテレビ局に対して、事前に筋を通す義務がある。三日後に迫った『ＰＲＩＤＥ34』に間に合わせるには短すぎる時間だった。

だが、考えればこの前年の五月、榊原氏は同じ条件で桜庭を『Ｋ－１』へと流出させてしまっている。その際、たしかに桜庭との契約は切れてはいたものの、桜庭クラスのトップファイターが移籍する場合は、『PRIDE』を支援するスポンサーやテレビ局に対して事前に筋を通しておかなければならなかったに違いないが、結果的に榊原氏はそれができないまま、桜庭を手放さざるを得なかった。

つまり、強引な手段を取ればそれも選択できたのかもしれないが、榊原氏はその道を選ぶことを避けたかった。それは、その手段が業界全体に対する「是」にはならないことを、まさに前年の五月に身をもって知ったからだ。

そしてこの段階で、私が榊原氏に今回の提案を受けてから丸六日が経過していた。つまりすでに折り返し地点は過ぎてしまっていたのである。

だが、丸六日経っても、状況は一切変わってはいない。いや、むしろ後退した感も否めなかった。

〈それでも、残すはあと四日。とにかく時間がない。いったいどうなるんだぁ……〉

そんな思いが、全身を駆け巡った。

第２章

「ＰＲＩＤＥ」最後の日（後編）

桜庭にもらった電池

いまでこそ、自分に回ってきた「役割」として、田村潔司と向き合う機会が増えた私だが、一時期は、それこそいま現在の田村潔司とは比べ物にならないくらい、桜庭和志との距離のほうが近い時期があった。

実際、桜庭に対する思い入れは、田村以上に強いものがある。

「グレイシー・ハンター」

かつて桜庭はそう呼ばれていたが、日本人ファイターを散々苦しめたグレイシー一族を、次々と退けた桜庭は、まさに時代が呼び込んだ救世主だった。嘘偽りなく、桜庭は同世代の私としては、最も誇りに思えるファイターである。

ズバリ言って、国民栄誉賞を贈るべき男ではないだろうか。いや、それが難しいなら、生涯税金免除くらいは検討してもまったくおかしくはないし、人間国宝に認定するのもアリだろう。

「私たちは、プロのレスラーである。勝ち負けをつけるだけなら簡単だ。それだけならアマチュアにもできる。しかし、私たちはプロだ。命を賭けた勝ち負けの中で、いかにお客を楽しませるかを考えなくてはいけない宿命を背負っている。そのためにはどうするか？　五の力をもつ対戦相手をひねりつぶすのは簡単だが、その相手を七の力にまで引き上げながら、こちらは八か九の力で勝ってみせるのだ。言うは易しだが、実際には相当のテクニックが必要である。相手も必死である以上、どんなアクシデントが起こるかもわからない。考えられる限りの〝アクシデント〟を頭に入れ、七の力まで引き上げるのだ。引き上げる前にこちらが六の力で勝っても、お客は、私が強いということをわかってくれない。私は七、八、九、十の力があるというのを見せなければ意味がないのだ。危険を冒しながら相手を七の力まで引き上げるのがなぜショーなのだ。馴れ合いでやればショーだが、命を賭けている闘いをショーとは呼ばせない」（一九八二年三月に刊行されたアントニオ猪木の著書『君よ苦しめ そして、生きよ』より／原文まま）

少し長い引用になったが、結果的にこれを『ＰＲＩＤＥ』のリングで実践していたのが桜庭だった。それを称して桜庭は「ＩＱレスラー」と呼ばれていたに違いないが、それはまさに「神業」の域に達していたと言ってもいい。

桜庭には思い出がたくさんある。ただ、それをひとつひとつ書いていくと、なんだか小さなものに思えてしまう気がする。

それでも、その当時付き合っていた自分の彼女を紹介した、数少ないファイターの一人が桜庭だったし、その彼女は、私と一緒に桜庭家に伺った際、生まれたばかりの桜庭の次男を風呂に入れたこともある。

向こうは覚えているかわからないが、桜庭のカミさんには、塩を振った簡単なピーマン料理を教わって、自宅で何度も試したこともあった。

そういった他愛のない出来事が、桜庭との間には数多かったように思う。

二〇〇一年三月二十五日、さいたまスーパーアリーナ。

ここまで連勝街道を驀進《ばくしん》してきた桜庭が、この日の『PRIDE13』で、初めてヴァンダレイ・シウバに負けた（一ラウンド一分三十八秒、TKO）。この日から導入されたルール改正と、数日前からの体調不良も手伝って、桜庭にとっては不運な結果だった。

「あー、マジでムカつく！」

偶然にも、桜庭がこれから病院に向かうための駐車場ですれ違った際、桜庭はそんな言葉を発していたが、その時、なぜか桜庭に、私は携帯電話の電池を手渡されたのだ。それは数日前まで、たまたま桜庭が私と同じ機種の携帯電話を使っていたため、「機種変更をして、もうその電池は使わないからあげますよ」という意味だった。それでも、まさかそんな状況で手渡されると思ってはいなかった。だから、妙に印象に残っている。

数日後、入院していた桜庭から電話が入った。四〇分ほど話したが、咳でゴホゴホやっていたのが可哀想だったものの、入院ライフはゲーム三昧で、かなり快適だといった話をしていた。

転んでもただでは起きない、非常に桜庭らしい話だと思った。

大連立の立役者

二〇〇六年五月、それまで『ＰＲＩＤＥ』を、そして日本マット界を救ってきた桜庭が、『ＰＲＩＤＥ』を去って、敵対する『Ｋ－１』側に寝返った時、私はもう桜庭とはそれほど親しい関係にはなかった。

聞けば、桜庭が『ＰＲＩＤＥ』から離れることを相談した人物が三人だけいたという。一人目は阪神タイガースで活躍し、桜庭のセコンドにもついたことがある下柳剛《しもやなぎつよし》投手、二人目は友人の芸能プロダクションのマネージャー、三人目は友人の弁護士だと聞いた。

つまり、それまで「俺が一番、桜庭と親しい関係にある」といった顔をしていたテレビ局関係者やマスコミ関係者もいたはずだったが、桜庭は決してそういった人たちに自分の思いを明かさずに『ＰＲＩＤＥ』を去ったのだ。

そう思うと桜庭の功績に対し、結局、マット界に関わる人間は誰も報いていなかったことになる。それが少しだけ寂しい気がした。

二〇〇七年の大みそか、京セラドーム大阪（大阪ドーム）では『Ｋ－１ Ｄｙｎａｍｉｔ

e!!』が、そしてさいたまスーパーアリーナでは『やれんのか!』という大会が開催され、TBSではこの双方の大会を二元中継的に放送した。『やれんのか!』とはいまの『DREAM』につながるイベントで、いわゆる『PRIDE』の流れを汲むもの。そこには『K-1』側の契約選手であるチェ・ホンマンや秋山成勲《あきやまよしひろ》が参戦していた。

「『PRIDE』と『K-1』の大連立」

その頃、この二元中継を評してそう言われたが、関係者にこれを決意させた裏には、桜庭のこだわりがあったという。

というのも二〇〇六年の大みそか、桜庭は秋山と対戦したが、この時、秋山が使用を認められていないクリーム(オイル)を用いて闘ったことが発覚。一度は秋山勝利の裁定が下されたが、正式な桜庭の抗議により、試合後に無効試合となり、秋山は無期限出場禁止となった。世に言う「ヌルヌル事件」である。

秋山は「桜庭に会って謝りたい」と話したそうだが、桜庭はそれを認めず、一年が経過していた。

「(秋山とは)同じリング(大会)で試合をしたくない」

直接聞いたわけではないが、その頃の桜庭は周囲にそう漏らしていたという。つまり、桜庭の言い分を通すなら、必然的に毎年大みそかに開催される『K-1 Dynamite!!』に桜庭が出る場合、秋山は出場することができない。

しかもこの年は、「伝説」のプロレスラー・船木《ふなき》誠勝《まさかつ》が六年半ぶりに現役復帰し、桜庭と対戦することが早々と（一〇月二十三日には）発表されていたため、桜庭に気持ちよく大みそかに試合をさせるには、秋山をどうするかという選択に迫られる。たしかに秋山の犯した行為は反則であり、関係者からすれば、ファンに対してはもちろん、スポンサー筋やテレビ局への謝罪に苦慮したに違いない。

だが、物議を醸した分、宣伝効果は抜群。秋山の商品価値は皮肉なことに決して下がらなかった。秋山の悪役人気が沸騰したからだ。

そんな頃、旧『ＰＲＩＤＥ』勢が『やれんのか！』という大会を開催するという話が伝わってきた。

そこで、これに秋山を出してテレビ中継を試みてはどうか、という話が持ち上がる。これなら桜庭の言い分を通し、かつ秋山を有効に使うこともできる。

つまりマット界の大連立は、桜庭のこだわりや頑固さが発端となって生まれた副産物だった。まさに大連立の立役者こそ桜庭だったのだ。

「オレンジ色のニクいヤツ」

かつて『夕刊フジ』が創刊された頃、見出しの色にオレンジを使用したことから、そんなキャッチコピーが話題になった（二〇〇六年九月に変更された）が、桜庭が着用するオレンジ色のコスチュームに絡めて言えば、桜庭こそ、まさにこれを地でいく男だったといっても過言ではない。

榊原×田村会談

さて、榊原氏が約五年ぶりに本格的に膝を突き合わせて石井館長と会った日（四月五日）の夜、時間は午後一〇時を回っていたが、私は田村を連れて榊原氏との直接交渉の席に着いた。

「とにかくバラさんに会うだけ会ってみなよ」

そんな提案に、田村はその時間をつくったのだ。場所は東京・赤坂にある焼き肉屋だった（この会食に、木下氏は別の案件があったため欠席）。

本音を言えば、よくこの時、田村は榊原氏と会ったと思う。

「登戸で田村と会って交渉したこともある」

今回の話ではなく、榊原氏は過去にそういった発言をメディアを通じて公にしていたこともあるため、巷では、榊原氏が何度も登戸まで田村を口説きに足を運んだように思っている人がいるかもしれないが、実際にはそれは数回に限ったこと。それは仮に榊原氏にその気があったとしても、田村がそれを受け付けないからだ。

田村からすれば、なるべく榊原氏とは直接的な「仕事」（田村への試合のオファー）の話では会いたくないと思っていただろう。なぜなら、田村が榊原氏と会うということは、例えば今回のようにあきらかに難しい、と思える提案を呑むことを前提で話をしなければならないからだ。つまり、田村としてはこう思っているに違いない。

「わざわざ『ＰＲＩＤＥ』の代表に登戸まで出向いてもらっているのに、何度も話を断れない」

田村に限らず、そういった感覚を持つのが普通なのかもしれないが、その気持ちがあるだけに、私は今回、田村がよく榊原氏と会う気になったな、と思ったのである。きっと田村にしても、残り少ない『ＰＲＩＤＥ』における榊原氏との時間を共有したいと思ったのかもしれない。

裏を返せば、その気持ちは榊原氏にしても似たようなものだったのではないだろうか。というのはこの時の榊原氏は、もちろん田村に試合をさせようと直談判をしたが、いま思えば、三日後に試合をさせようという気持ちよりも、こうして『ＰＲＩＤＥ』のオファーに関して、田村と直接交渉する時間や空間を自らの五臓六腑《ごぞうろっぷ》に記憶させたかったのではないか、と思う。

なぜなら、この頃の榊原氏は、『ＰＲＩＤＥ』をどう存続させればよいか、そのための資金繰りをどうするか、といったことばかりに連日連夜、頭を悩ませていたからだ。

誤解を恐れずに言えば、それに比べればマッチメイクなんて気楽なものだ。それは、リングに上がるファイターだって同様である。なぜなら、そういったことはカネの算段がついた後の話だからである。つまりは、仮にそれが命がけのソフトづくりや身を削った肉体管理だったとしても、それは世の中小企業の社長が抱える、どうすれば会社を安定して経営できるか、といったハードの構築があってこそ初めて生かされる、という意味である。

一杯目の生ビール

「誰とやるにせよ、いまからだと試合は厳しいです」

榊原氏は今後の『ＰＲＩＤＥ』や格闘技界の行く末、もちろん桜庭戦やヴァンダレイ戦の話も含め、ひと通り話をしていたが、結局のところ、田村はそんな結論を突きつけてきた。だが、それは当然といえば当然だった。なにしろ、三日後に『ＰＲＩＤＥ』のリングに立て、と言っているのだ。

しかも、相手はこの段階でも決まっていない。いや、田村からすれば、桜庭かヴァンダレイか、という究極の選択を迫っておきながら、実はその両者が三日後に出られるかすら確定していないのだ。というのもヴァンダレイは、この年の二月に行なわれたラスベガスでの試合にＫ

０負けを喫したため、アメリカ・ネバダ州のアスレチックコミッションの規定により、四十五日間の出場停止を言い渡されていた。『ＰＲＩＤＥ34』の行なわれる四月八日は、計算するとＫＯされてから四十一日後、つまりあと四日でその規定をクリアできる。そこで診断書を集めるなどして、現地のアスレチックコミッションと調整を続け、特例での出場を求めている最中だった。

つまり、仮に田村の気持ちが好転したとしても、不確定な要素が多すぎる。いや、田村というトップファイターに対する提案としては、どう考えても失礼だったが、それでも田村はなんとか協力できないかと努力していたのである。

そんな田村に対し、榊原氏は、『ＰＲＩＤＥ』が『ＵＦＣ』と提携していくことで生まれる新たな「流れ」を説明し、理解を求めつつ、田村が今後またリングに上がりたくなるような対戦相手と接触していることも（具体名を挙げながら）口にしていた。

また、『ＵＦＣ』側にいる関係者に無類のＵＷＦファンがおり、その人物から、いかに田村×桜庭戦が重要なのかを聞かされたという。つまり両者の一戦は日本のみならず、海を越え、いつのまにか海外の格闘技ファンにもその対戦を待ち望む声が大きくなっていたのである。

だが、最終的な田村からの返答を聞く前に、実は私も榊原氏も、田村の返答を察した瞬間があった。

〈これはやらないかもしれないな〉

そう思った場面があったのだ。

それは、田村が最初の一杯に、生ビールの中ジョッキを注文した時だった。仮に田村が三日後に試合をする気があれば、その場合は生ビールのようなアルコールではなく、ウーロン茶なりソフトドリンクを注文するだろう。考え過ぎかもしれないが、これまでの経験上、試合前にアルコールを控えていたのを見ていたからだ。

つまり、もしかしたら田村は、自分の意思を態度で示したのか、それともそこまでの意図すらなく、最初から断るつもりでいただけなのか。それはもういまとなっては定かではないが、とにかく私は、田村が生ビールを飲んだ瞬間に、気持ちの上ではかなり自分のテンションが下がったのを覚えている。

「代案」

田村からの正式な返答を得た私と榊原氏だったが、それでも奇跡は起きないかと、かすかな望みを捨てきれずにいた。と同時に、どうにかこの状況を打開する妙案はないかと頭を悩ませていた。

そして田村との会食を終えた榊原氏は、返す刀で『Ｋ－１』側と電話でやりとりした結果、桜庭の試合に関する最終結論を突きつけられていた。

「やっぱり、あと数日以内だと、テレビ局とスポンサーの調整がつきそうにもない」

格闘技の神様は、微笑みを忘れてしまったのか。そんな無情な結論を突きつけてきたのだ。つまり理由は違えど、田村、桜庭の双方が「試合には出られない」という回答を出してきたことになる。

だが、ここで後ろ向きになってもしかたがない。しょせんは最初から一〇日間で登り切るには高すぎる登山に挑んでいるのだ。そんな結論になるのも当たり前ではないか。

果たしてそうなってしまえば、逆に開き直るしかない。この一〇年の間、『ＰＲＩＤＥ』は、これに似た局面を何度となく経験し、その都度、修羅場を潜り抜けてきた。もちろんその間にあった、それこそ血の滲むような苦労を、私はただ傍から応援するくらいしかできなかったが、当事者である榊原氏からすれば障害の連続、つまりは日常茶飯事だったに違いない。

そしてそれはなにを意味するかといえば、半ば日常化したドタバタの連続にも逐一へコむことなく、方向を変えつつ次なる壁に挑む。そんな人知を超えた意識が、常人に比べて遥かに高くなっていることを指す。つまり対応力や応用力、機転の利かせ方が尋常でないレベルで備わっているのである。

そこで榊原氏は大会当日に桜庭や田村が試合をすること以外、別の方法がないのか、頭を捻って考えた。

私は私で、眠れぬ時間を過ごしながら、それでもなんとか田村から「いつでも、誰が相手でも行くから」と言ってもらえないかと、最後まで希望を捨てず、一縷の望みを賭けていた。

そんな私に榊原氏から「代案」が届いた。時間は深夜二時か三時か。そのくらいの深い時間、電話の向こうで榊原氏は私に言ったのだ。

「例えば、年内のどこかで田村×桜庭戦を実現するっていう発表ができんかなぁ……？」

たしかに準備期間を考えると、その発表ができれば、ファンに対しては大きな置き土産となる。

『PRIDE』は一九九七年の初開催からここまで、各大会における対戦カードは、大会までの一カ月前後の時期に発表されていたのが現実であり、二カ月前に発表できることは稀《まれ》だった。これは大抵の場合、チケットの発売が大会の一カ月前に当たるため、この時期になるのが通例とされていたからだ。

それでも一度だけ、『PRIDE4』（一九九八年一〇月十一日、東京ドーム）での髙田延彦×ヒクソン・グレイシーの再戦だけは、八カ月前に発表し、これ以上ないくらいに十分なプロモーションを展開できたが、それ以来、そこまで十分なプロモーションを展開できた大会は、ついに一度もなかった。

いつも直前にならないと発表できない。それだけに、たとえファン待望のカードが決まっても、楽しみを持続する間もなく当日を迎えてしまう。やはりワクワク感やドキドキ感は、少しでも長く持っていたいのが本音。四六時中だと身が持たないが、逆にまったくないと、これもまた身が持たない。

「起きた」

くしくもこの年の一〇月十一日には『ＰＲＩＤＥ１』から丸一〇年が経つ。つまり、ここで一〇周年記念大会を開催し、その際に田村×桜庭戦を行なえれば、これ以上ない舞台の上で、この一戦が観られることになる。というよりも、そういった記念大会にこそ、田村×桜庭戦は最高の輝きを放つカードに違いない。

仮に桜庭が『ＰＲＩＤＥ34』のリングに上がり、「次回、『ＰＲＩＤＥ』で試合をします」と言っただけではサプライズ感は薄い。ここはもう一歩突っ込んだプラスαのこだわりを持たなければ意味がないではないか。なぜならその積み重ねが『ＰＲＩＤＥ』をここまで大きなものにしてきたからだ。

こういった榊原氏の妙案に、私は手放しで賛成し、早速、これを田村に伝えることにした。

数日後に桜庭戦、というよりは、大きくハードルが下がったが、その分、楽しみも増え、結果的にはこの案のほうがファンへの大きな置き土産となることは必至だった。

そして、せっかちな私は、一刻も早く田村にそれを伝えようと思ったが、いかんせん時間は真夜中である。

〈さて、どうしたものか〉

自分なりに思案しながら眠れない時間を過ごしていた私は、思い切って田村の携帯電話にメールを打つことにした。

日付は四月六日、時間は午前四時四十七分。

件名「寝てますよね？」

ちなみに、このメールに本文はない。要件は、メールよりも直接、口頭で伝えたいと思ったからだ。

当然ながら眠りについているはずの田村からは返信がなかった。

ところが、私がメールを送信してから約三時間後の午前七時二十六分、珍しいことに田村から返信が来た。

「起きた」

だが、残念ながらこのメールをもらった際、今度は私のほうが眠りについていた。

それにしても、こちらが七文字で田村からのメールが三文字。文字数で言えば四文字の開きがあるが、私と田村の思いで考えると、その開きはいったい何文字になるのだろう。

果たしてソファーから起き上がった私は、午前八時十六分、田村に再度メールを打った。

「二時間寝ました。

田村さん、今回はごめんなさい。

けど、ちと提案があるんです…」

結果的に私が、田村に要件を伝えられたのは、それから数時間後だったか。もちろんその間、木下氏にも事情を説明し、理解を得ると、こちらがかけた電話に出た田村に、榊原氏からの「代案」を伝えたのである。

ところが、これに関しても田村は首を縦に振らなかった。

「そんな都合よく決められれんて」

「だったら例えばバラさんを間にして、タムちゃんとサクの三人でリングに立って挨拶することもダメ？」

「う〜ん……、それだったら別に構わないよ」

そこまでなら比較的すんなりと話が進んだ記憶はあるが、その先に進もうとすると、まったく別の返答が待っていた。

「だったら、そこで年内での田村×桜庭戦を発表しようよ」

一気にそこまで話を進めようとすると「それはいいって！」と固くなり、また口論になるのだ。

結局のところ、この日はどうあってもそれが精一杯。話の流れから、「三人でリングに立つことも嫌だ」となりかねないため、ひとまず私はここで自分を納得させ、田村との電話を切った。そしてこう誓ったのだ。

〈それでも、まだ『ＰＲＩＤＥ34』まであと二日ある！　絶対に完全燃焼してやる！〉

いや、本当はここまで格好よければ、自分の力量を誇れるが、本音を言えば、そんな余裕はまったくない。

〈ああ、どうしよう……。あと四十八時間しかない。困った困った困った……〉

実際にこう思っていたかはもう思い出せないが、決して楽観的な気分にはなれていなかったことだけは記憶している。

そして当然のことながら、眠れぬ夜が終わることはまだなかった……。

空気感

四月六日、この日は田村ではなく、桜庭側に若干の変化があった、と榊原氏から聞いた。変化というよりも、それは榊原氏が『Ｋ－１』側（おそらく谷川氏や柳沢氏）と話していた際、直感的に察した空気感だった。

要するに、このまま二日後に『ＰＲＩＤＥ34』を終えてしまえば、桜庭が『ＰＲＩＤＥ』に出るという話そのものが白紙に戻ってしまうようなニュアンスを『Ｋ－１』側との話のなかで感じた、というのだ。おそらく『Ｋ－１』そのものというよりも、スポンサーやテレビ局というハードルが非常に高そうなのだろう。いや、スポンサーやテレビ局の立場になれば、それが正論になる。そのために彼らは『Ｋ－１』に対し、多大なる貢献を果たしているのだから。

それもあって、より一層、田村からの返事への期待が高まった。いや、ここまで来たら、『ＰＲＩＤＥ』に関わるすべての関係者のためにも、田村の色よい返事が必要になってきた、と言ってもいい。そんな雰囲気を私は感じていた。

「ここで発表して既成事実をつくってしまわないと、先方がまた別の提案をしてくる可能性があるんだよ。あと少しだけ自分が代表として、『ＰＲＩＤＥ』に関するすべての権限を執行することができる。その時間が過ぎてしまえば、代表権のない自分には『K－1』と互角の交渉ができないかもしれない」

〈そう口にする榊原氏の思いを、なんとか結実させたい。いや、特定の誰のために、なんてレベルの話ではない。なによりそれがマット界全体の底上げにつながるに違いない〉

「その根拠はどこにあるのか？」

仮にそう問われたら、「すべては直感」としか答えられないが、この時の私は、その直感が絶対に間違っていない自信があった。そう信じ切っていたからこそ、夢中で突っ走ってこれたのだ。

先にも書いた通り、この数カ月前には、秋山成勲による「ヌルヌル事件」があり、大相撲では朝青龍《あさしょうりゅう》による八百長問題が週刊誌を賑わせ、ボクシングに目をやると、亀田興毅《かめだこうき》×ファン・ランダエタによるWBA世界ライトフライ級タイトルマッチ（二〇〇六年八月二日、横浜アリーナ）に絡めた疑惑の判定……と、どうしても「闘い」をビジネスにする世界においては、決して明るい話が聞こえてこなかった。ズバリ言えば、いかがわしさ一〇〇%と言ってもいい事件が相次いでいたのである。

「最近は暗い話題が多いから、タムちゃんとサクの試合を発表して、それをきっかけにこの世界にまたファンの目を向けさせないと」

こういった榊原氏の言葉は、自然と私を奮い立たせた。しょせん、「世間」の目はいかがわしいものをいかがわしいとしか思わない。昔からマット界には「八百長」「野蛮」「うさんくさい」といったイメージがついて回る。

ところが、「世間」の見方とは違い、この世界に魅了された者からすると、いかがわしさやうさんくささの裏にはなにがあるのか、と興味を持つ。つまり、「世間」には白か黒かのデジタルな認識しか存在しないが、この世界に魅了された者には、白が黒に、黒が白に見えてしまう瞬間が存在する。それこそが、本来は日本古来の美徳とされた「グレーゾーン」という発想につながっていくのではなかろうか。

田村へのメール

果たしてそういった根源的な概念に基づいた上で考えれば、いまこそ「世間」に一泡吹かせるきっかけを掴まなければならない。それには、まず田村を説得するしかないのである。

午後五時十三分、そんな思いで、私は田村の携帯電話に以下のメールを送った。

「バラさんと話しました。

やはり田村さんは正論（＝都合よく決められない）を言っていると納得してました。

ただ、バラさんの勇退をきっかけに、せっかく数年ぶりにサクによって開きかけたK－1との扉を、完全に開かせることができるか、また閉じてしまうかは、まさに田村さんにかかっています。

さっきバラさんに言われ、かなり納得したのは、『ここで発表して、既成事実をつくらないと、K－1がまた別の無理難題を言ってくる雰囲気がある』という点。

それはたぶん紛れもない事実だと思います。

彼らは彼らで綱渡りをしているのだろうから、その場凌ぎのような都合のいいことを言うのでしょう。

しかもPRIDE内の反対派も抑えなければならない（※後述）。

それには、とにかくスピードしかないのです。

そして、バラさんが代表であるうちでないと、K－1と互角の交渉が難しくなる、というのは理解できる話です。

さらに言えば、田村×桜庭戦は正直言って旬を逃した対戦であり、『一〇周年』のような記念大会だからこそ光るカードです。

田村さんからすれば、『だったらやらなくてもいい』と思ってるかもしれません。

が、その思いを再度考え直してもらい、なんとか明後日、『年内に実現』の発表だけさせてもらえないでしょうか。

時間をかけたい正論を、一瞬だけ曲げて、やはりＰＲＩＤＥとＫ－１の架け橋になってください。

というか、それが合ってるか間違ってるかはともかく、田村さん個人の意見を曲げても、この世界に棲む多くの人を助けるべき時があるはずです。

つーか、久々にほんの少～しだけ『お前は男だ』ってとこを見せてよ、タムちゃん！

あ、今日は時間をとってもらわなくても構いません。

すべてを呑み込んで、黙ってひと言、『わかった』とだけメールください……、な～んて、そんなのがあったら超カッコいいけど（笑）。

とりあえず連絡ください」

そしてこのメールを送ってから、自分が送信したメールの内容を読み返した私は、「思いよ届け！」とばかりに、午後五時二十六分、以下のメールを再度送った。

「バラさんも言ってましたけど、暗い話題ばかりのマット界に、一瞬だけでも明るい光をともしてください。

格闘難民に救いの手を！」

だが、結局はこちらの期待も虚しく、この日は田村からの色よい返事はなかった。いや、このままだと試合のない田村が『ＰＲＩＤＥ34』に来場するかどうかも怪しかった。

〈やっぱり最後まで頑張ったけど、今回もダメか……〉

私は、半ばあきらめに近い感情を抱えたまま、ついに『ＰＲＩＤＥ34』前日を迎えていた。

拒絶反応

この日は『ＰＲＩＤＥ34』に出場するファイターのルールミーティングや計量、そして公開記者会見が行なわれていた。

またこの際、ヴァンダレイの試合がサスペンデッド（停止・延期）されることも発表された。結局、ネバダ州のアスレチックコミッションとの間で、最終的な調整がつかなかったのだ。それでもヴァンダレイは試合をするべく来日し、一〇〇％のコンディションではないなかでも、直前まで闘おうと準備していたという。聞けば、前日も実戦さながらのスパーリングを繰り返していたというから頭が下がる。実際、桜庭×ヴァンダレイ戦の紹介映像もつくり、準備しておいたくらいだというのだから、最後の最後まで関係者が総力を結集しようとしていたことは間違いがない。

それもこれも、すべて榊原氏が、今回で『ＰＲＩＤＥ』を去って行く、という事実がそうさせるのだ。

そして桜庭が来場し、リング上から挨拶をすることは榊原氏から聞かされていたものの、田村を同じリングに立たせられるかどうかは、この日（大会前日）の夜までわからなかった。

「明日まで一日、正確には二十四時間を切っていますけれども、僕にできることはファンに少しでも喜んでもらえるように、明日のショーになんとか大きなサプライズを持ってくること。そのためにいま、本当に努力しています。

全八試合を発表しましたが、僕が指揮を執る最後の大会でひとつでもふたつでも未来に向かって夢を持ってもらえる材料を用意したいと思います。そこは期待していてください。選手にとってもファンにとっても、熱い最高の空間を創りますので、明日はよろしくお願いします」

前日の公開会見の際、榊原氏はそう話したらしいが、まさにその直後まで田村への説得を続けていたのだ。

そしてまた桜庭が再び『ＰＲＩＤＥ』のリングに立つことに対して、桜庭を心から愛していたがゆえ、その事実を安易に受け入れられずにいるスタッフたちがいた。

「社長の最後だから華やかに飾りたい。でもそれは、ずっとこのリングで闘い続け、一緒に行動し続けた人間こそがやるべきだし、やるに相応しい。途中で去って行った人間が、いいところだけ出てきて『お疲れ様でした』なんて言うのは、たとえそれが桜庭和志でも、絶対に納得できません」

こういった言い分も理解はできる。それだけこの前年にあった桜庭の『ＰＲＩＤＥ』からの去り方が強引すぎたのだ。

だが、桜庭からすれば、強引に去らなければ、桜庭はほかの誰でもなく、自分自身が考える桜庭らしさを失ってしまう、と考えたのではないだろうか。だからこそ、そんな桜庭に対する拒絶反応も大きかった、という、これもまた根源的な話だった。

「鬼の加藤」

だが、榊原氏は桜庭をリングに上げることを決心した。なぜなら榊原氏は、自分が個人的な思いを超えたところに立つ主催者（プロモーター）だと認識していたからにほかならない。つまりそれは、ファンが望み期待していることに応え続けなければならない立場にあることを指す。

もちろん、榊原氏にとっては最後の『ＰＲＩＤＥ』であり、センチメンタルな気持ちがなかったと言えば嘘になるだろう。

「最後くらい好きにさせてくれ」

そう開き直った感情もあったに違いない。だが、それでも、いやどんな時でもジャッジを下すのは「やる側」でも「伝える側」でも「主催者側」でもなく、「観る側」にいるファンでしかない。そして、そのためにも、やはり是が非でも田村を口説くしかない。

実を言うと、この日の前日、ＤＳＥナンバー2である専務の加藤浩之《かとうひろゆき》氏から、私は熱烈な電話をもらっていた。『ＰＲＩＤＥ』において加藤氏は、大型スクリーンや舞台、リングを設置する制作チームを率いていたが、例えば国立競技場で開催された『Ｄｙｎａｍｉｔｅ！』（二〇〇二年八月二十八日）においては、大会の一週間ほど前から連日、現場である国立競技場に泊まり込みながら制作を続けていた男でもある。

「一週間ずっと芝生の上で寝て、しかもその間の食事、一日に三回だから、一週間で計二十一回が全部弁当。二十一回連続で弁当を食べ続けると、どうなると思います？　最後は味わう気なんてなくなるから五分で食べられますよ」

連日同所に泊り込んで作業を続けた加藤氏に、いつだったかその当時のことを訊ねると、加藤氏はそう言って苦笑していた。

しかも加藤氏は、榊原氏とは二〇年以上の長きにわたる、いわば兄弟にも近い関係を有していながら、その性格は本当に好対照。榊原氏が「静」であり「水」なら、加藤氏は「動」であり「油」といった関係なのだ。「水」と「油」にも拘らず、なぜ一体感を生むのかといえば、例えばそれは美味《うま》いラーメンのスープだと思えばいい。つまり、絶妙にお互いが絡み合って、各々のよさを活かし合っているのである。

さらにたとえるなら幕末の京都を震撼させた新選組には、局長である近藤勇と副長だった土方歳三が登場するが、その人物像は、簡単に言えば「仏の局長」と「鬼の副長」だったという。榊原氏と加藤氏の関係はこれに似ている。もちろん、両者は近藤と土方の関係と違い、それなりに年齢は離れているが、DSE内での加藤氏は「鬼の加藤」としてその厳しさは知れ渡っていた。

そんな加藤氏だけに、榊原氏による最後の『PRIDE』を華々しく成功させたい、という思いは、誰よりも強く持っていたに違いない。

「Showさん、田村さんはどんな感じなの？」

加藤氏からの問いに、私はこれまでの流れを説明したが、そこからは怒濤のように榊原氏や田村×桜庭戦への思いを伝えられた気がする。そして加藤氏は「田村さんに直接会って、自分の思いを伝えたい」と口にした。

田村にこれを伝えると、珍しく田村はその提案をすんなりと受け入れた。田村にしても、榊原氏と加藤氏の関係は理解している。きっとこの機会だからこそ、加藤氏の見解も聞いておきたかったのかもしれない。

そこで私は加藤氏と東京・三軒茶屋で待ち合わせ、私のクルマで田村のいる登戸へと向かった。私はこの一週間で、三度目の登戸詣でとなる。

ところが、しばらくクルマを走らせると、見事なまでの大渋滞。三軒茶屋から登戸へクルマで向かうには、いくつかルートがあるが、この時、私は世田谷通りを選択したため、ちょうど渋滞する時間帯にぶつかってしまったのだ。

結局、早ければ一時間かからないで行けるところを、この日は二時間近くはかかったのではないだろうか。

人見知り

「Ｓｈｏｗさぁ〜ん、まだなのぉ？　あとどのくらいぃ？」

その間、クルマの助手席に座った加藤氏に、何度そう聞かれたかわからない。それでも、あの日の車内は、なぜか私にとっては心地よいものだった。それはおそらく一本気な加藤氏の気の短さや実直さに、自分と似たものを感じていたからに違いない。

たしかに、私と同じく血液型もB型で、やや強引な部分があることは認めるが、年齢は私よりいくつか若い割に白髪をした加藤氏の率直さを、私は決して嫌いになれなかった。妙な言い方だが、私的には弟分的な想いを込め、いつしか「カトちゃん」と呼ぶようになっていたくらいだからだ。

結局、私と加藤氏は登戸の飲食店で田村と会うことになった。先に着いた私たちは、畳のある座敷の部屋に腰かけて田村の到着を待つ。時間は午後六時。

しばらくすると、田村が現れた。三人揃ったところで軽く注文をしてから打合せに入る。

本来であれば、田村はあまり決まった人以外を寄せつけない。とくに「仕事」となると、その傾向が強くなる。

ちなみにその密度の濃さは別として、現在、田村の代理人を務める木下氏と田村は、すでに十五年、私と田村も、最初に出会ってからやはり十五年以上の付き合いになる。これは誰でもそうだろうが、勝手知ったる人物のほうが、お互いの共通言語で話ができる。そこから多少はワガママも言えるし、ハメをハズしても許される関係性が築けるというものだ。

裏を返せば田村も、人を見ながら理不尽な態度を取っていることになる。いや、その点、田村との交渉は、もちろん法律にはまったく違反してはいないものの、連絡を取れない（意思を示さない）、という一点に関しては、いわゆるマナーやモラルは著しく逸脱しているだろう、と思うことも少なくはない。もちろん、それこそが私のしつこさにあきれた末の結論、と考えるべきかもしれない。

「『ＮＯ』だと察してくれ」

仮の話、田村が本当にそう思っているのなら、まだ納得することもできるが、決してそうではない素振りや気配、雰囲気を感じるだけに、頑張ってもうひと押し、と付き合おうとすればするほど、そのやりとりは狂気の沙汰と思うこともある、と言ったら言い過ぎだろうか。

いや、それでも田村が凄いのは、こちらのエネルギーを受け流しながら、自分のペースに持ち込む術を知っていることだろう。なにせお互いに子どもではないのだから、キチンと己の意思を示せば、それ以上に無理強いすることはない。

とはいえ、ニュアンスで言うなら「熱意」ではなく、それをも超えた「覚悟」がなんらかのカタチで伝われば、多少なりとも折れたりすることがあるにはある。いやはや、なんという確率の低い話なのかとつくづく思わないではないが、つまり、結果的にはそこまでのハードルを超える気構えを持たなければ、触れてはいけないのが田村という男なのである。なにしろ、割に合うか合わないか、と言ったら、割に合わないことこの上ない。そうなると昔からの流れもあって、便宜上、田村の代理人という立場にいる木下氏以外の誰もがサジを投げてきたのもうなずける。

ちなみに、待つタイプの木下氏はともかく、私は挑発には乗るタイプ。田村が変に意固地になれば、こっちだってそれを上回るくらいに意固地になる。そうなると大概は、どっちが先に折れるか、といった我慢比べになってしまう。言い換えるとそれは、「二十一世紀になったにも拘らず、どこまでアナログなことやってんの？」という非常に珍しい話になってしまうのだ……。

そういえば、田村があまり決まった人以外を寄せつけない理由で思い当たることがひとつある。

人見知り。

簡単に言えばこれに該当するのだ。いや、それは私の知る限り、あの〝燃える闘魂〟アントニオ猪木《いのき》でさえそうだった。かといって猪木さんと田村では血液型が双方ともAB型、ということくらいしか共通点はないだろうが、きっとそれがあるがゆえに、双方とも理解し難い、妙な求心力を持っているのかもしれない（猪木さんはよく「非常識」という言葉を用いるが、田村もこれに該当する、という意味では、これも共通点になる）。

「お疲れ様でした！」

結果的に、田村を前に加藤氏は、桜庭戦を発表する旨を無理強いするような物言いはまったくしなかった。

「バラさんを気持ちよく送り出したいんです。だから田村さんには、是非それに協力してほしいんです」

そういった内容の話を、熱を持って訴えていたことは鮮明に覚えている。

もちろん、「もしいまからでも田村さんに試合をしてもらえるなら、是非お願いします」といった冗談とも本気とも取れる言葉で、その場の笑いを誘ってはいたが、この期に及んで、田村がそれを受け付けないことは、加藤氏も十二分に理解していた。

最終的に田村には、桜庭がリングインした直後に入場してもらい、榊原氏を挟んで挨拶してもらうことに理解を求めた。

田村としても大会が迫ってくるなかで、「ＮＯ」という判断と、それでも自分になにかできないか、というふたつの思いの間で揺れていたのだろう。加藤氏と会って話す時間をつくるということは、その不安の表れだったに違いない。なぜなら本当にすべてを拒絶したければ、理由をつけて会わなければ済む話だからだ。

結局、田村は榊原氏を間に、桜庭と三人でリングに立つことは快く了解した。それでも、だからといって、そこで両者の対戦を発表、というわけにはいかないのが田村らしいといえば田村らしいところ。


そして最後に田村と明日の会場入り時間を確認した私と加藤氏は、田村の運転するクルマが駐車場から出て行く姿を見送って別れた。

「お疲れ様でした！」

田村が去った直後、加藤氏が私に向かってそう言った。その表情は、自然と笑顔になっている。こちらとしても、ようやく格好がつくと思うと、本当にホッとした。

そのまま再び加藤氏を乗せ、今度は東京・青山にあるＤＳＥへとクルマを走らせた。すでに渋滞は解消しており、しかも今度は高速道路を利用したため、快調にクルマは進んで行く。ものの三十分足らずで一足飛びにＤＳＥへと到着。時間は夜八時半〜九時くらいだったと記憶している。

昔もいまも

ＤＳＥに到着すると、社長室には待ちかねたように榊原氏が待っていた。

当然、田村と別れた後、加藤氏から榊原氏に連絡を入れたため、話の内容は伝わっているが、それでもお互いが顔を合わせると、自然と安堵感が生まれてくる。

「お疲れ様。タムちゃんはどんな感じ？」

そんな榊原氏の問いかけに、私と加藤氏は、あらためて見てきた様子を報告。いよいよ明日に向けて準備は整った雰囲気だった。

ちなみに、私と加藤氏がＤＳＥに戻った直後だったか、もしかしたら戻った時にはすでにそこにいたのかは思い出せないが、社長室に『ＰＲＩＤＥ』の選手紹介映像を制作する佐藤大輔《さとうだいすけ》ディレクターと、『ＰＲＩＤＥ』の舞台演出を担当する山形龍司《やまがたりゅうじ》氏が入ってきた。だが私も含め、社長室には五名がいたものの、どんな話をしていたのか一切思い出せない。とにかく私は、とりあえず明日、会場に田村が来ることを了承させたことで、自分なりの役目を果たした安堵感から、その場での話を聞きながら少し朦朧《もうろう》としていた気がする。

「マッチメークにはタイミングがあるんだ。本当に大きい大会のマッチメーク考える時なんて、

三日間眠れないよ。それぐらい気を使うんだ」（山本小鉄著『人間爆弾発言』／原文まま）

かつて新日本プロレスのマッチメイカーだった山本小鉄氏は、当時の話をそう書き記していたが、本当にこれと似た心境に陥っていたのかもしれない。

ちなみに山本小鉄氏はその著書『いちばん強いのは誰だ』のなかでこう言っている。

一九八五年四月十八日、両国国技館で行なわれるアントニオ猪木×ブルーザー・ブロディ戦の試合当日、ブロディがゴネて会場入りを拒否した際、ブロディの宿泊するホテルに山本氏が乗り込み、会場入りをさせる話である。

「会場に連れて行くか、殺すか。もしくは自分が客の前で腹を切るか。本当にそんな心境だった。おそらく、その殺気をあいつも感じ取ったのだろう。なんとか折れて会場に来てくれた」

昔もいまも、そうやってイベントはつくられていくに違いない。

「嘘だよ。もう着くから」

二〇〇七年四月八日、ついにこの日はやってきた。さいたまスーパーアリーナにおいて、榊原信行主催による最後の『ＰＲＩＤＥ』が開催されるのだ。

この日、私は午前中には同所に入っていたように思う。関係者に挨拶を済まし、特別に用意された田村用の部屋を、代理人の木下氏と一緒に確認すると、すぐに田村が来るはずの時間が近づいてきた。

田村に電話を入れる。

「あ、ごめん。いま（自宅を）出るから」

あきらかにそう言ったかは覚えていないが、この時の田村は、そういった類《たぐ》いの言葉を発した。

「マジで！　勘弁してよ！　昨日ちゃんと言ったじゃん！」

そう言い終わるか終わらないうちに、田村が言った。

「嘘だよ。もう着くから」

これを聞いた時、無性に腹が立った。聞けば、弟子である中村大介《なかむらだいすけ》の運転でクルマに同乗した田村は、かなり前の段階で会場付近までは着いていたらしく、車内で準備していたようだった。

だが、こっちは田村の冗談に付き合っている余裕はなかった。ここまで来てもなお、私はなぜかテンパっていた。

田村が到着してからしばらくすると、榊原氏を含めた打合せに入った。もちろんここまで来てしまえば、細かなことを打合せることはない。お互いに今日の段取りに関して、確認作業を済ますだけである。

問題は、リング上で桜庭と並んだ田村がなにを話すか。それだけだった。

ちなみに、この日はいくつ試合があったのか、詳しく覚えてはいない。いや、やはり同世代のファイターとして思い入れの深い藤田《ふじた》和之《かずゆき》がメインで敗れたことが気になったものの、それ以外を気にする余裕がなかった。それでも、たしかドン・フライがジェームス・トンプソンと、伝説的な髙山善廣《たかやまよしひろ》戦を思わせる壮絶な殴り合いを見せたことと、試合後のコメントで、記者を前に「『ＰＲＩＤＥ』が世界で一番美しい女だ」と口にしたこと。二〇〇〇年シドニー五輪柔道男子八十一kg級金メダリスト・瀧本誠《たきもとまこと》が、対戦相手に勝利した際の会場の爆発ぶりが、本当に嬉しかったことはうっすらながら思い出すことができる。

また、結果的に全八試合すべてが一本で決まり、しかもすべてが一ラウンドでの決着だったこと。これはこれまで約一〇年、計五〇回を超える『ＰＲＩＤＥ』の歴史のなかで、終わってみれば初の快挙だった。

「お帰り！」

そしてこの日の第六試合が終わって休憩明けのリング上である。

まず榊原氏が指揮する最後の大会として、リング上に挨拶に立ち、ファンに謝辞を述べた。

「一〇年間、常に、次の『ＰＲＩＤＥ』ではもっと感動を与えたい。そんな思いで気づけば一〇年経っていました。少しでも皆さんに闘う選手たちの勇気ある闘いで、みんなが日々の生活のなかで生きていく勇気や夢をこのリングのなかから発したい。本来であれば、私はリングのなかで闘うこともできないし、こうして本当は皆さんの前でお話しする立場ではなくリングを支える、創り出す立場です。今日その思いを伝えさせていただけるなかで言うならば、少しでも皆さんと選手のエネルギーの交換、勇気の交換をさせる、そんな場所が創れればと思って、いろんなマッチメイク、本当にたくさんのマッチメイクをこれまで、ああしたらいいんじゃないか、こうしたらみんなに喜んでもらえるんじゃないか。そして選手も、こうしたらもっと選手も激しく闘って、生き様を人生をすべて懸けて闘えるんじゃないか。そんなことを思いながらこの一〇年間やってきました。

ただ、そんななかで『この試合を組みたいです』『この試合をやります』と公言しておいて、ひとつだけ実現できなかった、そんなカードがあります」

そう前置きすると、場内に『ＳＰＥＥＤ２』のテーマが響き渡った。会場が騒然とするなか、タイガーマスクをかぶった桜庭和志が入場。続いて田村潔司も自らのテーマ曲『ＦＬＡＭＥ　ＯＦ　ＭＩＮＤ』に乗って入場してきたのだ。

〈会場はどんな反応になるんだろう……？〉

私に限らず、関係者はとくに桜庭に対する反応を心配していたに違いないが、『ＰＲＩＤＥ』のファンは本当に温かい。みんな大歓声で迎え、あちこちから「お帰り！」の声がかかった。もちろん、桜庭に対する反応だった。

そして榊原氏は、リングに揃った桜庭、田村を前に、ファン及び関係者にラストメッセージを贈った。

「この二人がこのリングに立っている。その事実をみんなの胸に刻んでほしい。そしてスタッフには、僕が実現できなかったカードを、どうかこの後の新体制で実現させてください」

桜庭の涙と田村の挨拶

続いて注目の桜庭がマイクを持った。

「みなさんお久しぶりです。今日ここで試合をしたかったんですけども、時間がなくてできなかったんですけども、またこのリングで試合をしたいと思いますので、皆さんよろしくお願いします」

この時、桜庭の目には光るものが見えた。桜庭は温かく歓迎してくれた『ＰＲＩＤＥ』の観客に対し、心から「ありがとう」と思ったに違いない。そして安心したのだ。そう思ったら自然と涙が出たのだろう。

実は大会開始前、榊原氏は、田村と打合せる前後に、桜庭とも打合せを行なっている。その際、桜庭は、決して口に出しては言わないものの、果たして観客が自分を歓迎してくれるのか、心底不安だったに違いない。

そんな桜庭に対し、榊原氏はこう説いた。

「『ＰＲＩＤＥ』はお前の家《うち》。『ＨＥＲＯ'Ｓ』はよその家。お前は自分の家に帰るのに照れることはないんだよ」

おそらく、これを聞いた桜庭は、どれだけ肩の荷が下りただろうか。

「だからあの日、サクがマスクを被って現れたのは、顔を晒して『ＰＲＩＤＥ』のファンの前に出られない後ろめたさがあったからなんだと思うよ」

榊原氏は後日、そんな話を私にしてくれた。

つまりあの涙は、無事に『ＰＲＩＤＥ』のリングに立つことができた安堵の涙だったのだろう。一人のファイターが、再びそのリングに立つだけで、あれだけの熱や空気が生まれる場所は『ＰＲＩＤＥ』以外には存在しない。だからこそ誰もが『ＰＲＩＤＥ』に釘付けになったのではなかろうか。

そしてリング上で田村は言った。

「もし本当に僕と桜庭にしかできない夢の架け橋が実現できたらなと、心の底から思います」

そう言って『PRIDE』と『K－1』の垣根を越えるドリームマッチの実現を訴えたが、多少長めの挨拶に聞こえてしまった。

思えば田村は、自分の出番が来るまでの間、控室にこもり、紙とペンを両手に持ちながら、この日の挨拶を考えていた。その結果、私には回りくどい表現に見えてしまった。

〈こういう時は手短に済ませばいいのに……〉

そう思ったことを覚えている。いや、無理を承知でこう言ってほしかったのだ。

「ここまで来たら、いつ何時、桜庭の挑戦を受ける！」

もちろん、それを言えないのが田村なのはわかっているが、それでも公衆の面前で言葉を発する場合には、本質を伝えなければ意味がない。

「痛みに耐えてよく頑張った！　感動したっ！　おめでとう！」

かつて、内閣総理大臣だった小泉純一郎氏は、就任直後となった二〇〇一年五月の夏場所で、前日の負傷を押して出場し、二十二回目の幕内優勝を勝ち取った横綱・貴乃花光司《たかのはなこうじ》に対し、そう言って賛辞を送った（「感動したっ！」は流行語にもなった）。

マイクを持つのが本業ではない田村だが、これを機にリング上でのマイクアピールは簡潔に、という本質を、あらためて痛感してもらわなければならないだろう。

「髙田さん、僕に（その後すぐに「に」を「と」と訂正）真剣勝負してくださいっ！」

かつて田村は師匠である髙田延彦にそう対戦を要求したが、その際の言動は、未だにマット界で語り草となっているのだ。田村がそれを理解できないはずはない。

髙田本部長の意思

それでも田村は、かつて髙田らが立ち上げた（第二次）ＵＷＦの新弟子第一号――つまり、ＵＷＦの長男として、自分が言わなければならないことをキチンと口にしていたと思う。

それは、以下のコメントに集約されていると、私は思った。

「（両者の一戦が実現する）そのためには恩人である榊原代表や、そして僕らの師匠である髙田さんの協力も得て、いろんな各代表者の協力を得ないといけないと思うんです」

これこそ、まさに堂々とした長男たる物言いではないか。ここまで田村の偏屈さばかりを書いてきた印象を持つ方もいるだろうが、田村の口からこういった言葉が発せられただけで、すべては帳消しにされると思えるほどの気配りだった。

なかでも、とくに重要なのは「僕らの師匠である髙田さんの協力も得て」という箇所だろう。

つまりは両者を産み、育ててくれた髙田本部長にも、気持ちよくこの一戦を見届けてもらいたいという思いを公にした田村は、長男としての役割をキッチリ果たしていたように思う。というのも髙田本部長からすれば、田村はかつてヤンチャした自分の弟子に過ぎないが、桜庭に至っては、前年に起こした『PRIDE』からの去り方が強引すぎたがゆえに、そのヤンチャさ加減に生々しさが残っていたに違いない。つまり髙田本部長の心情を考えると、この段階での田村×桜庭戦という提案には、釈然としないものが残っていただろうということを、不肖の弟子第一号である田村は、痛切に憂慮していたのである。

だが、榊原氏に聞いた話によれば、髙田本部長は「ファンが求めるならやるべき」と、自らの恩讐《おんしゅう》を超えてそう話していたという。

「自分がこの立場（統括本部長）にいられるのは、ファンの考えていることを実現させているから」

「自分は、碁盤の目を上から見る感覚でいるから大丈夫だよ」

そう言って快活に笑ってみせたのが髙田本部長だったのである。

それは髙田本部長の立場が、田村と桜庭の師匠としてではなく、自分の個人的な思いを超えた位置に存在し、「はじめに観客ありき」という視点を理解していたからにほかならない。なぜなら「やる側」や「主催者側」は、どれだけ「観る側」の立ち位置に近づけるか。そこに重要な勝負の分かれ目が存在するからだ。かといって、「観る側」の考えをすべて実現させれば済む話でもない。

　たとえて言うなら、政府が国民の要望にすべて応えてくれるとしたら、国民は、税金を納めずに済む政策を求めるに決まっているが、それは有り得ない話になるのに似て、どのバランスであれば、関係者も含めた最大公約数の人たちの満足度が最も高いのか。そのバランスを見極めることが重要視されるからである。

　そう考えると、榊原氏としても、もう一歩だけ突っ込んで、ここで「田村×桜庭戦を年内に行ないます」と発表したかったに違いないし、そこに向けて私も全力を尽くしたが、結局はそこまで田村を説得するには至らなかった。

　だが、もちろん田村本人にも闘う気がないわけではない。田村のなかで桜庭とリング上で並んだことは、闘う意思があるからにほかならない。いや、むしろ闘いたいと思っているからこそ、この日のリングに立ったのは間違いないのである。

　ここに二人が立つまで三年半という時間がかかった。その間、榊原氏は何度も田村と桜庭、そしてファンにも何度も自分の思いを伝えた。それだけ、こだわりにこだわったマッチメイクだったのだ。

「そんなこと言わんでよ」

こうして最後の『PRIDE』は静かに幕を下ろした。聞けば、ホッとしたのか、桜庭はその日の晩、ベロベロに酔って榊原氏に電話してきたという。

大会終了後、私は田村らと軽く食事をしたのか、それとも会場で田村と別れたのか、いまとなってはそれすら思い出せない。とにかく、無事に終わったという安堵感が、すべての記憶を消し去ってしまったような気がする。

そして、面白かった、と言っては語弊があるかもしれないが、意外だったのは田村がこの日に関してはギャラの話をひと言も言わなかったことだった。正直、こちらもそんな話を榊原氏としたことがなかった。

「試合をしたわけではないのだから、それは当たり前だろう」

そんな見方をする人もいるだろうが、人間が動く限り、そこにはいつ何時でも金銭、もしくは動いたなりの目に見えない利益が発生すると考えなければならない。いや、その額は別として、この時の田村には発生させてもよかったように思う。

それでも田村はこの時、私の知る限り、カネを受け取ってはいない。それはおそらく桜庭も同じだったに違いない。

いや、発生させるとしたら、この日の金額はいくらが妥当なのか。それを考えると、いつまでも決定しない気がするから、やっぱり金額の問題ではなかった。言い換えれば、この日の田村と桜庭は、タダでしかできない仕事をしたのだ。

「こういうものは贅沢をしたほうが、お客さんが見た時にきれいごとなほうがいいと思いますので」

これは、日本屈指の寿司の名店「すきやばし次郎」の店主として知られる小野二郎氏が、普段使っている薬味入れが店のカタチに合わせ、台形をしている理由を問われた際に口にした言葉である。この箱は、木材として最高の柾目《まさめ》の板でつくられ、寿司をにぎる際に使う道具だが、と同時に顧客の目に触れるものでもある。

さらに八〇歳を超えたこの寿司職人は、たとえそれが真夏でも、日焼けや傷から保護するため、移動時の手袋を欠かさない。つまり、そういった細部にわたる気配りの積み重ねが、伝統ある飲食店の格付け本『ミシュランガイド東京』で三ツ星を取るまでに至った理由に違いない。

〈素敵な生き様だな〉

いつだったかＮＨＫの番組でそれを見た時、思わずそう思った記憶がある。さすがは世界最高齢の三ツ星シェフだなと。

その言葉を借りるなら、この日の田村と桜庭が果たしたことも、「きれいごとなほうがいい」に含まれるような気がする。

この点においても、両者が榊原氏の勇退に対して、心からなにかをしたかった、という思いが伝わってくるではないか。もちろん、田村も桜庭もこの日、リングに上がったことで大きな不利益は被らなかったが、ここまでくると、もはやそういった利害を超えたところに、榊原氏を含めた三者の関係が存在しているように思う。


実を言うと、ほんの数日前、田村と電話でやりとりしているなかで、ふと田村が漏らしたひと言があった。

それは以下のやりとりだった。

「このままタムちゃんがサクと試合をしなくても、最悪の場合、俺は構わないけど、おそらくファンはそんなに甘くないよ」

この時、田村は受話器に向かってこう口を開いたのだ。

「そんなこと言わんでよ……」

いま思えば、この言葉を聞いた時、私のなかで、田村の心情を察することができた気がした。

「赤いパンツの頑固者」

田村は、リング上でのコスチュームを含め、時折そう呼ばれることがある。田村自身、過去に発売した自伝のタイトルにも使用したくらいだから、その自覚もあるには違いないが、そんな田村から、いつだったか私はこんなメールを送られたことがある。

「俺は頑固じゃなく、こだわりがあるだけ。頑固なのはＳｈｏｗ大谷」

つまり、田村によって私は、直々に「頑固者」のお墨付きをいただいたのだ。

だが、私に言わせれば田村も桜庭も、立派な頑固者であり、かなりの偏屈者。真っ当な見方をすれば、馬乗りになった相手の顔面を思い切り殴れる精神力は、いわゆる常識人からは生まれないだろう。つまりは、いい意味でひねくれ屋の極致が両者だと思っても、それほど間違ってはいないかもしれない。それでも、あえてそこに私も含めれば、誰が陰で誰が陽なのかはともかく、この世界はとくにそういった頑固者の集合体、偏屈者の巣窟《そうくつ》、いい意味でのひねくれ屋の総本山として存在している気がする。

「ありがとうな、Ｓｈｏｗ」

大会終了後、あらためて榊原氏から私はそう言われた。いや、厳密に言えばもう忘れてしまったが、この時に限らず、榊原氏は大抵そう言ってねぎらいの言葉をかけてくれた。

もちろん当たり前の言葉と言ってしまえば簡単だが、結局、人間なんてその当たり前のひと言をかけてもらえただけで、すべてが報われた気がするものなのである。

「（格闘技を観ることは）ないですね」

最近、『格闘技通信』（二〇〇九年四月一日号）に掲載された、榊原氏のインタビューに、そんなコメントがあった。おそらく榊原氏が格闘技専門誌に顔を出すのは、『ＰＲＩＤＥ』の代表を離れて以降、実に約三年ぶりではないだろうか。

「やっぱり僕は格闘技に対しても、当然ＰＲＩＤＥに対しても特別な思いがあります。自分も若かったし、日本の格闘技ファンのためにもっとやってあげられることがあったなぁと思うんだよね。でも、自分の中では精一杯だった。ＰＲＩＤＥは続いていくという約束のもとにダナ（・ホワイト）やロレンゾ（・フェティータ）に橋渡しができたと思ったけど、結局そういう形にはならなかった。それでいて、いまの僕は競業禁止。期限はあと数年だけど、格闘技のことには携われないいんだよね」（原文まま）

ちなみに同誌は、この号をもって休刊。格闘技人気を支えてきた老舗媒体の終焉に、格闘技界にゆかりのある榊原氏が沈黙を破って登場と相成ったわけである。

そしてこの後、「期限が過ぎたらどうします？」と訊かれると、榊原氏はこう答えている。

「（大きくため息をつきながら）いやぁ、（格闘技は）やらないでしょう」（原文まま）

問題児を活かす器量

二十一世紀になってから早一〇年の時が経とうとしている。

「格闘技人気に陰りが見えた」

そんな話を耳にすることも、決して少なくはない。たしかに、年間を通じてのテレビ中継の視聴率はそこまで高くないかもしれないし、不景気も手伝って、観客動員数も右肩上がり、というわけにはいかないのが現状だろう。昨今の『Ｋ－１』人気を支えてきた魔裟斗や武蔵、柔道のメダリストからＭＭＡへの転向という道を切り開いた吉田秀彦といったスター選手が引退するという話題がメディアを騒がせ、一方でそれに代わる選手の台頭が、なかなか聞こえてこないのも大きな問題に違いない。

とはいえ昨年、テレビ番組の平均視聴率第一位に輝いたのは、十一月二十九日の夜、ＴＢＳ系でさいたまスーパーアリーナから中継されたプロボクシングＷＢＣ世界フライ級タイトルマッチ、内藤大助《ないとうだいすけ》×亀田興毅戦の四十三・一％（瞬間最高視聴率は関東では五十一・二％、関西では五十二・二％）だった。この数字は日本国中を興奮の渦に巻き込んだ、野球の世界大会「ワールド・ベースボール・クラシック（ＷＢＣ）」を上回ったのだから、いかにその注目度が高かったのかが理解できる。もちろん、プロボクシングを「格闘技」と呼ぶかは議論の分かれるところかもしれないが、この一戦が、遡ること二年前の二〇〇七年一〇月十一日、有明コロシアムで行なわれた、同タイトルマッチ、内藤大助×亀田大毅《だいき》戦に端を発していることは御存知の通り（大毅が様々な反則を犯したことが物議を醸した）。

そう考えれば、この一戦が『ＰＲＩＤＥ』という奇跡の運動体と似た側面を持つことがわかるではないか。つまり『ＰＲＩＤＥ』が、いまなお語り継がれるほど、「観る側」の意識に大きな衝撃を残すことができたのは、問題児を許容でき、それすら活かせる器量が存在したからではないかと思うのである。

具体的に言えば、グレイシー一族であり、ミルコ・クロコップであり、小川直也であり、田村潔司や桜庭和志もそのなかに入るのかもしれない。つまりは、いつ何時、なにが起ころうと、必ずリングの上にしか答えはない、という基本的な支点を忘れなかったからである。

果たして、もしマット界に元気がないと世間から思われているとしたら、それはすなわち、昨今のマット界が、問題児を活かせなくなったことを示している。つまりは、それだけ突出した個性を認めない風潮にあるということだろうか。いや、根本的な問題で言えば、問題児の質が下がったということもその原因のひとつだろう。

そして、それはマット界のみならず、最近は、巷に存在するあらゆる組織においても似たような状況があると聞く。

だが、仮に問題児を排除したとして、なにが残るのかと言えば、結局は次なる問題児を探す作業がはじまるだけなのだ。それが人間の性《さが》というものらしい。

ちなみにかく言う私も、自分が優等生という意識は微塵《みじん》もなく、むしろ劣等生なのだという意識を強く持っている。これまで、時には問題児扱いを受けることもなくはなかったし、たしかに見方によっては、その動き方は、もしかしたら鬼っ子に映る場合があるかもしれない。

それでも、私はこの世界に対して人一倍の愛着を感じてきた。なにより、いかに「世間」と闘うか。それだけを常に深層心理に置いて、人生を歩んできたつもりである。

また、何事にも一流から五流までが存在するように、仮に私が劣等生や問題児だとしても、単なるそれではなく、超一流を目指す劣等生や問題児でありたい。常にそう強く願っている。

要は、そこに志があるか否か。そこに尽きるのではなかろうか。

そしてこのリング上から約一年九カ月後、田村と桜庭は、ついにリング上で相対することになる。

二〇〇八年十二月三十一日、さいたまスーパーアリーナ。

先にも書いた通り、二〇〇三年末、最初に両者の対戦が正式に模索されてから、丸五年後の

ことだった。もちろん、そこに至るまでの道程はまさに気の狂うような日々の連続だったが、
それはまた別の機会に譲りたい——。

第3章
「殺し」の流れ

桜庭＝猪木説

「田村さん、こういう試合をしても面白くないと思いますので、四月に僕と試合をしてください。お願いします」

二〇〇五年二月二〇日、さいたまスーパーアリーナ。

ここまで丸一年以上、一向に進展しない田村潔司戦に、業を煮やした桜庭和志は、あらためて『ＰＲＩＤＥ29』のリング上から田村への対戦を迫った。桜庭の言う「こういう試合」とは、この日の田村の相手であるアリエフ・マックモドが戦意喪失し、不完全燃焼の内容になったことを言い、「四月」とは、この年の四月から開催された『ＰＲＩＤＥミドル級グランプリ』を指す。

田村、桜庭ともに三十五歳のことである。

「(田村なら) 素手で顔面を殴れますよ」

いつしか桜庭は、周囲にそんな話を漏らすようになっていたが、その思いとは裏腹に、田村は桜庭の要求を撥ね除け続けた。いったい両者の間になにがあったのか。その詳細を窺い知ることは誰もできまいが、普段は温厚な人柄を見せる桜庭のただならぬ言動に、関係者は、この一戦が持つ確執の深さを感じざるを得なかった。

先にも触れたが、結果的に田村×桜庭戦は、桜庭のアピールから約四年後の二〇〇八年十二月三十一日、さいたまスーパーアリーナで開催された『Ｄｙｎａｍｉｔｅ!!』のメインイベントでようやく実現。フルタイムを闘い切った末、田村の判定勝利に終わっている。

そして、いまのところこの一戦は、「殺し」という大河が行き着く先にあると私は思っている。それは、絶え間なく流れるマット界の歴史の根幹に位置する「流れ」を言う。

なおかつ、もう一歩踏み込んで言うなら、桜庭和志はアントニオ猪木だったのである。

もちろんそれは、桜庭も猪木級のダジャレを得意としている、という意味ではない。

「海辺で寝そべってると波で濡れる？　そんなのは並の発想だよ、ダーハッハッハッハッ！」

アントニオ猪木が、南国パラオ共和国に所有する猪木島（イノキアイランド）で、満面の笑みを浮かべながら口にしたダジャレをいまでも思い出しながら、ついニンマリとしてしまうことがあるが、決してそういうことではないのだ。

「殺し」とはなにか？

「殺し」とは、かつて「Ｉ編集長」と言われた、『週刊ファイト』の井上義啓元編集長（故人）が発端となってマット界に送り出した、いわゆる業界用語である。

「アントニオ猪木のプロレスには『殺し』がある」

「I編集長」は、事ある毎にそう説いてきた。つまりリング上のアントニオ猪木は、常にそういった殺気立ったたたずまいをオーラとして発していたという意味である。そもそも、「殺し」なる物騒なフレーズは、およそスポーツ的感覚から生まれる言葉ではない。つまりその点に、「I編集長」の「プロレス」に対する本質論が感じられるように思う。

おそらく「I編集長」の言う「殺し」とは、すなわち「生き様」「プライド」「迫力」「凄み」「気迫」……、そういった言葉に置き換えてもいいものに違いない。

そしてあらためて書き記すなら、アントニオ猪木の師匠は、言わずと知れた力道山《りきどうざん》である。力道山は「プロレスの父」であり、戦後最大のスーパースターであり、国民的ヒーローだった、と言われている。

なぜこう書いたのかといえば、私は力道山を知らずに育った世代になるからだ。

力道山がこの世を去ったのは、一九六三年十二月十五日。いまから五〇年近くも前のことになる。私がまだ、母親のお腹のなかにもいなかった頃の話である。

力道山がいなくなってからのマット界は、その弟子であるジャイアント馬場とアントニオ猪木の両者により、長らく大きな対立構造を生み、その後、アントニオ猪木の弟子である前田《まえだ》日明《あきら》や高田延彦らによるUWFなる集団を輩出し、いわゆる「U」という運動体（ムーブメント）を出現させた。

そして、いまやその弟子である田村や桜庭が四〇代に突入し、「引退」の声もチラホラと聞かれるようになった。つまり力道山からはじまる日本マット界の歴史は、いまその辺りまで来ていることになる。だいぶざっくりとした見識には違いないが、それを知る手だてとして考えるには十分な説明であるように思う。

というのは、「殺し」を考えるにあたって、そういった人物の存在が必要最低条件となってくるからだ。

「殺し」の「匂い」

かつてアントニオ猪木は、ライバルとされたジャイアント馬場《ばば》に対して対戦を呼びかけた。一九七九年八月二十六日、日本武道館で開催された「夢のオールスター戦」のメインイベントで、馬場&猪木組がアブドーラ・ザ・ブッチャー&タイガー・ジェット・シンの凶悪コンビを退けた直後のことだった。

馬場＝四十一歳、猪木＝三十六歳のことである。

驚いたことに、この時の馬場は、猪木の対戦表明にリング上でこう返答している。

「よし、やろう」

だが、結局この一戦は実現をみないまま、両者は現役を退いている。

もし実現していたら……。

確実に言えることは、おそらくいま現在のマット界とは違った「流れ」ができたに違いない、ということ。この部分だけは間違いないような気がする。

猪木による馬場への正式な挑戦表明から約六年、次なる事件が起こる。

今度は、猪木の愛弟子である前田日明が、猪木に対して対戦を迫ったのだ。

「猪木ならなにをやっても許されるのか！」

当時の前田は、執拗に猪木への挑発を繰り返した。

猪木＝四十一歳、前田＝二十七歳のことである。

その結果、猪木×前田戦は、非公式ながらその日程と場所が発表されることになる。

一九八六年三月二十六日、東京体育館。

一度はこの日のリング上で対戦する、と発表されたのである。

ところが、いつのまにか当日は、猪木率いる新日本プロレス×前田率いるＵＷＦ軍団による五対五のイリミネーションマッチに変更されてしまった。

その後、この一戦もまた幻となったまま、両者はリングを去った。

また時は流れた。

今度は前田に対戦を呼びかけた一人の男が現れる。前田の後輩に当たる髙田延彦だった。

「ゴチャゴチャ言わんと、一回戦待ってます」

わざわざ前田の使う関西弁を真似てのアピールは、髙田からすれば強烈な皮肉を込めたものであると同時に、その当時企画された優勝賞金一億円トーナメント一回戦での対戦表明だった。

一九九四年二月二十五日、日本武道館。

前田＝三十五歳、髙田＝三十一歳のことである。

だが結局のところ、ここまでの二試合同様、この対戦も実現をみずに終わっている。

なぜ実現しなかったのか。

考えるに、この三つの試合が実現しなかった原因は、あきらかに「殺し」の「匂い」を感じさせすぎるきらいがあったからではないかと結論づける。つまりは「凄惨」の二文字がリング上に浮かび上がってしまうのではないか、という懸念である。

それだけ「恩讐」を超えるのは、一筋縄にはいかないのである。

だが、ここであらためて「殺し」を語る上で重要なキーワードが垣間見えてきた。

それは「匂い」である。つまり、実現しなかった三つの試合には、いずれも独特の「殺し」足り得る「匂い」を持っていることがわかる。

そして、実を言うと話はこれだけで終わらないのだ。

一九九五年八月十八日、東京ベイNKホール。

「髙田さん、僕に（その後すぐに「に」を「と」と訂正）真剣勝負してくださいっ！」

これまでの「流れ」を知ってか知らずか、リング上からそう言って髙田に対して対戦を迫った男が出現した。髙田の愛弟子である田村潔司だった。

髙田＝三十三歳、田村＝二十五歳のことである。

いままでの「流れ」を考えると、当然ながらこの一戦は実現をみない。

実際、対戦を表明された髙田は、この当時のことを振り返ってこう語っている。

「なんにも響きませんでした。ぼく自身の心が無反応になってたっていうのもあったと思うんですが、彼の言葉にも響く言葉がなかった。ものすごく冷めた気持ちで、なにを言ってるんだ、こいつはって思ったぐらいですね」（金子達仁著『泣き虫』より／原文まま）

ところが、この「流れ」に変化が訪れる。両者の一戦は実現をみるのだ。

もちろん、直接的な原因はひとつしかない。マット界に『ＰＲＩＤＥ』が誕生したからである。

そしてこの後、『ＰＲＩＤＥ』は、「殺し」にとって最も重要な役割を果たすイベントとしてマット界に君臨することになる。なぜなら『ＰＲＩＤＥ』は、「殺し」の「匂い」をさせる試合すら、実現させてしまう魔力を秘めていたからにほかならない。

その結果、髙田×田村戦は実現をみることになるのだ。

真逆

馬場×猪木戦
猪木×前田戦
前田×髙田戦

結局、実現しなかったこの三つの対戦は、必ず挑戦される者×挑戦する者といった表記のされ方をしてきた。

そして先にも書いた通り、この三つの対戦の「流れ」を受け継ぐ髙田×田村戦は、当然ながら髙田に対し、田村が対戦を表明したことを表している。

果たして、髙田×田村戦は実現した。

時は二〇〇二年十一月二十四日。

場所は『ＰＲＩＤＥ23』が開催された東京ドームである。

それは田村の対戦表明から実に七年の時を経て、ついにリング上で相対するものであり、かつこの日行なわれた、高田の引退試合でのことだった。

たしかにこの一戦が高田の引退試合だったことを考えると、一種のセレモニー的な側面もなくはなかったが、時代は両者に対し、恩讐を超えるカタチでの決着を望んだことになる。つまり『PRIDE』が出現した「後」のマット界は、両者が持つ、その恩讐から逃れることを「是」とはしなかったのだ。

つまり、ここで歴史は動いたのである！

ところが、ついに実現をみた高田×田村戦にも拘らず、この一戦は、複雑怪奇な様相を見せる。

「どう闘えばいいの？

どう展開しようか……？

そう考えているうちにゴングが鳴った。

高田さんの顔が見られない。直視なんてもってのほか。見たら、もう試合なんてできないから。

それでも、どうにかローキックを蹴る。

マズい……。思いっきりがない。

もちろん、それなりに効かして蹴ってはいるけど、仕留めるローキックではない。その段階に入っても、僕はそんな気持ちが抜けなかった」

「カラダならまだしも、とても顔なんて殴れない」

(ともに田村潔司著『孤高の選択』より／原文まま)

田村にとっては、自分が対戦を表明してから実現に至る七年の間に、髙田が挑戦を受けられなかった背景や、その当時抱えていた髙田の苦悩といった状況を知る機会を得たこと。にも拘らず、師匠である髙田の引退試合の相手を務めなければならない、といった玉虫色の環境が、田村の非情さを鈍らせていた。

とはいえ、ついに実現した待望の一戦が、いったいなぜそうなってしまったのか。

それは、物事には「旬」が存在する、ということではないだろうか。その「旬」を逃して行なわれた両者の一戦は、どうしてもストレートなものとして表現できなかったのである。

「リングの上で俺の邪魔をするヤツは、誰でも噛み殺してやる。たとえ、それが俺のお袋でもな」

かつて必殺の噛みつき口撃で日本国中を恐怖のドン底に陥れた「銀髪鬼」フレッド・ブラッシーは、噛みつき用にはめている頑丈な入れ歯の先端を入念にヤスリで磨きながらそう言ったという逸話が残っているが、髙田×田村戦の田村は、まさにいまリング上で闘っているにも拘らず、非情に徹することを憚《はばか》る雰囲気が存在していた。言い換えれば、この時の髙田は、田村にしか見えないオーラを醸《かも》し出していたのかもしれない。

それでも最終的にこの一戦は、高田が前に出てきた瞬間、反射的に放った田村の右フックが高田の顎を捕らえた。田村のカウンターが決まったのだ。

「殴られた髙田さんが前のめりに倒れていく……。それにしてもあの右フックは、狙ったとか、無我夢中だったとか、そういう類のものではない。格闘家としての本能が呼び込んだ一発だと思う」（田村潔司著『孤高の選択』より／原文まま）

これにより結果的に高田は生涯初のKO負けを喫し、田村が無事に引導を渡すことに成功している。

「ひと言だけ言わせてください。田村潔司、お前、今日よくここまで上がってきたよ。嫌な役を引き受けてくれたよ。田村、お前、男だっ！　ありがとう」

試合後、高田はリング上からマイクを通してそう言うと田村に歩み寄り、自分の顎を撃ち抜いた田村の右手を握りしめた（もっとも高田はKOされてからしばらくの間、記憶が飛んでしまい、あとで映像を見るまで自分がなにをしたのか覚えていないという）。

つまり、あきらかに「殺し」になるはずだった両者の一戦は、いざ実現してみると、最も「殺し」とは真逆の内容になりかけたが、それがゆえにかえって「殺し」を浮かび上がらせることにつながったとも言えるに違いない。

そして最後はどうにか帳尻を合わせたものになった、と言えばいいのだろうか。

いずれにせよ、両者の一戦は「殺し」を語る上で欠かせないものになったことは間違いないだろう。

上位概念

実を言うと、この一戦の「流れ」には、さらに続きがある。

それが田村潔司×桜庭和志戦になる。

正直に言えば、この一戦もまた「旬」を逃した感は否めなかった。

つまり、ここまでの「流れ」を総括すると、一方が対戦を呼びかけても、その熱があるうちには実現をみないのだ。その理由を解析するに、ひと言では語れないものがあるに違いないが、それでも要約するなら、大前提の話として、対戦を迫る側よりも、迫られる側に上位概念が存在する。となれば、迫られた側は自分個人の思惑以上に、自分の背負ったものとの相談になる。

そしてそういった一戦にはお互いのメンツがかかるだけに、いかにそれを超えられるかにかかってくる。

結果としておいそれと実現できるものではない、となってしまうのだ。

だが、それとは別に、ここで早くも冒頭に掲げた言葉の意味は理解していただけたのではないかと思う。

桜庭和志はアントニオ猪木だったのである。

そう、この命題である。

つまり、いままで説明した「流れ」に沿って田村潔司×桜庭和志戦を当てはめるとこうなる。

田村潔司＝ジャイアント馬場

桜庭和志＝アントニオ猪木

要は、お互いにその意思がまったくなかったのは当然としても、「観る側」からすれば田村×桜庭戦の関係は、馬場×猪木戦と同等の立ち位置に沿って行なわれたもの、ということである。

やはり、桜庭和志はアントニオ猪木だったのだ。

先にも書いた通り、年齢で言えば田村と桜庭は同級生だが、プロ入りは田村のほうが五年早い。また、馬場と猪木はほぼ同期ではあるものの、年齢で言えば馬場のほうが猪木よりも五歳年上になる。小学六年生と小学一年生、六歳の子どもと一歳の赤ん坊、大人になってからの五年はそれほどの差異は感じないが、五年という月日は、実はそれだけの開きがある。そういった諸事情を加味し、細かな事情を除けば、この理屈は大きくハズれてはいないような気がする。

「石橋を叩いても渡らない」

　これは生前の馬場を評して言われた言葉だが、ここまで散々書いてきた通り、たしかにその慎重さは田村の生き方とダブる部分がないわけではない。

　聞けば馬場と田村は、ともに赤いタイツを着用してリングに上がっていたことからも、似たような境遇に追い込まれるのではないか、といった説があるらしいが、果たしてそれはご愛嬌というものである。

　そして、さらに言えば、興味深いのは今後である。こういった「流れ」が、次にどんな「流れ」を引き起こし、なにを我々に提示するのか。それを考えると、際限なく私の興味は広がっていくのだ。

　いや、これまでの「流れ」を考えるなら、いまや四〇代の声を聞き、その現役生活も残り少なくなってきただろう、田村と桜庭への興味こそが、その「流れ」を観続けてきた人間による最大のモチベーションとなっているのは間違いがない。

　とはいえ、田村に敗れた桜庭が、二〇〇九年は一〇月に二度にわたってＭＭＡルールの試合に出場したのに比べ、桜庭に勝った田村は一度もリングに上がらず、その状況はいま現在もなお変わっていない。つまりは事実上の引退になっている、と言ってもいい。

もちろんその間、田村に対していくつかのオファーはあったに違いないが、結果的にすべて結実しなかったことを考えると、もしかしたら田村は、桜庭に勝ったことでリングに上がるモチベーションを使い果たしてしまったのか。

本人曰く、体調面に問題はないらしいが、ではなぜなのか、という疑問は尽きない。いや、おそらくその答えこそ「殺し」にあると私はみる。

つまり田村は、桜庭と闘ってしまい、勝ってしまったがゆえの後遺症に悩まされているのだろう。そしてそれは、田村本人が自覚しているのかは別として、目に見えないカタチとなって田村をリングから遠ざける大きな要因となっているに違いない。それだけ「殺し」の根幹を成す一戦を勝ち抜くことは、我々の想像以上に心身を蝕んでいく行為なのである。

実現しなかった猪木×前田

厳密に言えば、馬場×猪木戦にしろ、猪木×前田戦にしろ、前田×髙田戦にしろ、リング上で実現してはいるのだ。ここまで書いて、話が少し矛盾しているように思えるかもしれないが、つまり「観る側」がこの一戦をドル箱カードと位置づける前の段階においては、それぞれ実現をみているのである。

そこで、その際の戦績を調べてみた。

馬場×猪木戦……馬場の十六勝

猪木×前田戦……猪木の一勝

前田×髙田戦……前田の十三勝二敗

これに、それ以降に実現した二試合（それぞれ対戦を迫る前の段階の戦績）を加えてみる。

髙田×田村戦……髙田の二勝

田村×桜庭戦……田村の三勝

ここからもわかる通り、対戦を迫った側によるモチベーションの高い一戦であることが一目瞭然なのだ。

ところで、ここでは実現しなかった三つの対戦のうち、猪木×前田戦を考えてみたい。なぜならこの一戦に関しては「観る側」における実体験として、当時の雰囲気を表現できるからだ。

先にも書いた通り、この一戦は非公式ながら、一度は発表されている。それは当時のこういった記事から調べがつく。

以下の内容は『週刊プロレス』（一九八六年三月四日号）より抜粋したものである。

ちなみにこの号の表紙の最上段に書かれた、いわゆるヨコオビにはこう記されている。

「猪木、前田戦3・26に実現」

しかも表紙の向かって右側には「『カニ挟みで勝つ!』早くも、前田〝勝利宣言〟」とある。

「『意外に早く決まったもんですねぇ』

前田日明は、口元に不敵な笑みを浮かべながらチラリと天井を見やった。2月14日午後3時過ぎ。場所は東京・用賀の(第一次)UWF事務所。

その1時間前――東京・青山の新日本プロレス事務所では2月28日から開幕する『ニューウエーブダッシュ』の主な対戦カードが発表されていた。

〈中略〉

そして同シリーズの天王山である最終戦、3月26日・東京体育館のカードについて、坂口征二副社長は次のような爆弾発言を行なったのである。

『これは非公式ではあるが、最終戦では猪木×前田戦、藤波《ふじなみ》(辰巳《たつみ》/現・藤波辰爾)×藤原喜明《ふじわらよしあき》戦を予定している』」(原文まま)

力道山×木村政彦

この記事では、前田のコメントも掲載されている。

まず、「対猪木戦に、作戦はありますか?」との質問に前田はこう答えている。

「猪木さんは我々の関節技は怖くないといい、足には絶対の自信を持っているようなので、あえて足を攻めさせていただくことにしましょうか。猪木さんはカニばさみの防ぎ方をいまから研究なさったほうがいい(笑)」(原文まま)

続いて「勝つ自信は十分?」の問いにこう答えるのだ。

「負ける自信がないなァ(笑)。俺は、アントニオ猪木という存在に、幻想を持っていないんです。したがってプレッシャーもない。心理作戦は通じませんから、この間の試合(二月六日、UWFの代表者である藤原が猪木と対戦して敗れる)とはまったく違った展開になるでしょうね」(原文まま)

前田の発言から察するに、対猪木戦ではお互いの攻防を披露し合うような試合をする気がない、という意図が窺える。つまりはプロレスにあるとされる「暗黙の了解」を超えて、前田が猪木に仕掛けるのではないか、といった妄想が働いてしまうのだ。

その証拠に、この記事にはこんな記述もなされている。

「下手をすれば、3・26猪木、前田決戦は日本プロレス史上に残る惨劇となった力道山×木村政彦戦の再現になる可能性が十分にあるのだ」(原文まま)

ここにある「日本プロレス史上に残る惨劇となった力道山×木村政彦戦」とは、その当時、「昭和の巌流島決戦」と呼ばれた、両者の一戦を指す。

一九五四年十二月二十二日、蔵前国技館で開催された両者の一戦は、日本選手権と認定され、勝者は初代王者となるものだった。

この前年の三月、力道山が一年一カ月にわたる米国での武者修行を終えて帰国。日本プロ・レスリング興行株式会社を設立したが、まだ「プロレス」という存在そのものが目新しい時代だった。

もちろん、私が生まれる前の一戦であり、いまとなっては残された記録を紐解《ひもと》くしか方法がないが、それらによれば、試合中、木村の足が力道山の下腹部に当たり、ここから大きく流れが変わる。

「強烈なチョップを受けた木村は、崩れ落ちるようにマットに沈む。続け様に蹴りつける力道山。ようやく立ち上がる木村には、ふたたび激しいチョップが待っていた。崩れて四つんばいになった木村の顔面には蹴りが見舞われた」（李淳馹著『もう一人の力道山』より／原文まま）

結局、十五分四十九秒、力道山がKOで勝利し、初代日本選手権者となった。

「懸けられた賞金百五十万円の七割が勝者に、残り三割が敗者へという、日本初の賞金試合である。

当日のリングサイド席が二千円、ようやく庶民が口にできるようになったウィスキー一杯四十円、コッペパン一個十円の時代である。それでも入場券は二日で完売し、入場券を持たない群衆は会場の外をとりまき、その整理に機動隊が出動するほどであった。また、この日の試合は民放の日本テレビとNHKのラジオ・テレビ同時中継によって全国に流された。最初で最後の同時二元中継である」(『もう一人の力道山』より/原文まま)

つまり興行的には大成功を収めたものの、それとは裏腹に、試合後に両者による舌戦が展開されてしまう。曰く、試合は引き分けのはずだった、といった話が公にされたのだ。

実際、のちに書かれた木村の自伝『わが柔道』にはこんな記述がある。

「話は決まった。勝ち負けは、一回目は引き分け、二回目はジャンケンで勝った方が勝ち、それ以降はこれを繰り返して興行する。互いにこの条件で納得したのだ」

「だが、いざ試合の段になって金と名誉に目がくらみ、冷静さを失い、狂人と化したのが力道山だった」

「この背信行為は許せなかった」

そしてそのことを証明する念書の存在も明かされ、約束を破ったとされる力道山の私邸では、木村が敗れたと知った者の襲撃に備えて武装したという話もある。

「(芳の里、豊登、田中米太郎の)三人に銃を持たせ、力道山は応接間で一晩を過ごす。木村が敗れたと知った者の襲撃に備え武装したのだというが、いくら木村が負けたとはいえ一般人が勝者の家を本気で襲うだろうか。また、その襲撃を恐れるといって力道山が実弾入りのライフルで武装する必要があるだろうか。やはりそこには興行を取り仕切る人々の思惑と、それを知る力道山の行動があったと思わざるをえない」（『もう一人の力道山』より／原文まま）

だが、あえて書くなら、どういった記述が残されようと、リング外でどんなことが起こっていようと、そんなものは一切関係ないのだ。なぜならその日のリング上で起こったこと、それ以外に真っ当な答えなどはどこにも存在しないのだから。

そして、実はこの一戦にこそ、ジャイアント馬場がアントニオ猪木からの挑戦を受けなかった理由が隠されている気がしてならない。

裸の王様

そこで猪木×前田戦だが、この後も両者の対戦が実現しなかったことを考えると、縁がなかったとしか言いようがない。一説によれば、その当時の新日本プロレスには、新日本の試合を中継するテレビ朝日から出向していた執行役員がおり、テレビ局からの強硬な反対があったという。それが事実だとすれば、テレビ局としては、数字を稼ぐアントニオ猪木のイメージを壊す試合をされてしまっては困る、という意図があったに違いない。
そう考えると、この一戦を取り巻く状況は違えど、もしかしたら「力道山×木村政彦戦の再現」といった妄想は、あながち間違っていなかった、ということなのだろうか。
ちなみに、いまから一〇年以上前になるが、『週刊プレイボーイ』（一九九七年八月十九、二十六日号）にて猪木×前田対談が行なわれ、この際に両者はこんな会話を交わしている。
猪木　前田がユニバーサル（第一次ＵＷＦ）に行って、また新日本に戻ってきた時、俺を痛烈に批判してただろ？
前田　ええ。「猪木は裸の王様だ」とか「猪木だったらなにをやっても許されるのか」だとかね。
猪木　当時は、前田のその言葉を聞いて、うん、俺は〝裸の王様〟なのかもって反省してたんだよな。
前田　まさか、そんな。
猪木　当時はな、俺の周囲もゴチャゴチャしていて、自分の意見すら通すことが難しい時期だった。会社の規模も大きくなり、テレビ局の意向もある。そんな状況の中で偉そうなことを言っても、うまく実現できなかったことがいっぱいあった。
誌面によれば、両者は一〇年ぶりに面と向かって話したらしいが、対談中、ついに前田が核心に触れるのだ。
前田　自分たちがユニバーサルから再び戻った時、猪木さんは俺と1回もシングルで闘わなかったですよね。どうしてだったんですか。
猪木　逃げてたから（笑）。
前田　アッハハハ。
猪木　イヤだったからさ、前田と闘うのが。だから、ウフフ…逃げた。ウフフ…。
　これに関しては、両者をよく知る新間寿《しんまひさし》氏（元新日本プロレス営業本部長）の著書『さらばアントニオ猪木』に、以下のような記述がある。少し長くなるが、ここから引用する（すべて原文まま）。
「プロレスというのは、相手に腕を与え足を与え首を与える。しかしその与えるなかで、鍛え抜かれた肉体と精神力によって限界まで我慢し、相手も『これ以上やったら傷つけてしまう』、そういう一歩手前でやめ、我慢の限界を確かめあうのがプロレスである」
「枠を超える試合というのがいかに危険であるかと言うことは、私はまざまざとみてきている」

「新間、オレはやめるよ」

そして新間氏は、猪木に電話を入れるのだ。

「社長（猪木のこと）、前田の話を聞いてますか」

「新間、オレも聞いたよ」

「社長、ほんとうに前田はやりますよ」

「オレもやると思う」

「プロレスになりませんね」

「うん、ならないと思う」

「じゃ、試合にならないじゃないですか」

「新間、まったくその通りだよ。向こうが仕掛けてくるっていうんなら、オレもそれ相応の覚悟でリングに上がる。しかし、これはプロレスにはならんよ。だから新間、オレはやらないほうがいいと思う」

「もちろん、やるべきではありません。3月26日、東京体育館でやるのはプロレスの試合なんですよ。プロレスの約束ごとのない試合なら、それはそれで、新たに日を決めてやるべきじゃないんでしょうか。

私の情報は確かなところから入りましたよ（※少し前のほうに、前田の師匠といわれた田《た》中正悟《なかしょうご》氏から聞いたという記述がある）。前田は絶対、社長、あなたの腕を折り足を折る覚悟で上がってきますよ。そういう試合をあなた自身が望むならやったらどうでしょうか。アクラム・ペールワンとの闘い（一九七六年十二月十二日、パキスタン・カラチ）を思い、パク・ソンナンとの闘い（一九七六年一〇月九日、韓国・ソウル）を思い、グレート・アントニオとの闘い（一九七七年十二月八日、蔵前国技館）を思い出して闘うなら、社長おやりなさい――。しかしですよ、いまはそういう（凄惨な）闘いをする必要があるんでしょうか」

「新間、オレはやめるよ」

「当然です」

「前田とはそういう闘いをしたくないよ」

「私もそう思います。前田は将来ある選手ですが、いまはまだ、ほんとうに勝負の怖さというものを知らないんです」

結局、猪木は前田との一戦を回避することを決める。

そして、新間氏によれば、前田との対戦を拒否した理由は、以下の記述に象徴されている、と書かれている。

「オレはUWFの代表である藤原を倒したじゃないか。前田はUWFの代表ではない。藤原が代表だったじゃないか。その藤原を倒したオレが、なんで前田とやらなければいけないんだ。藤波や木村《きむら》（健悟《けんご》）がなんで黙ってるんだ。前田がオレとやりたいというんだったら、なぜその前に藤波なり木村が、オレに『前田とやらせてください』と、なぜいわないんだ。なんでオレが2番手の前田とやらなきゃいけないんだ」

また、新間氏は、新日本プロレス創立三十五周年を記念して発売されたDVD『新日本事件簿』において、以下のように語っている。

「（アントニオ猪木は）相手がプロレスの試合じゃない。とことん来いっていう試合だったら、彼は絶対に腕も取らせないし、足も取らせない。目のなかに指を入れるからね。私は現実に二回、指を入れたのを見たもの。目のなかに指なんか入れられるぅ？　想像しただけだって考えられないじゃない。だから猪木は、いつでも殺し合いの試合をするつもりでリングに上がっていく。ただ、前田は自分で育てた男じゃない？　その男が自分を裏切るわけにはいかないだろうっていう思いがあると同時に、前田だからなにをするかわからないっていう、そういう思いがある。で、周りは『前田は危険だ危険だ』って『猪木さん、やらないほうがいい』って言う。とうとう猪木はその声に負けて、やらなかったんですよ」

ちなみに新間氏は、最後にこう言い残している。

「だけどあの頃の猪木は元気だったから、『来るなら来い』で、受けてやったら面白かったかもしれないね」

前田の目玉をえぐる

「やらなくても、結果はわかっている」

アントニオ猪木は、一向に実現しないジャイアント馬場戦に関して、いつしかそんなコメントを発するようになった。

では、果たして猪木×前田戦はどうだったのか。

参考までに、『週刊プレイボーイ』（一九九九年四月二〇日号）にこんな記事を見つけたので、それを引用する。これは新日本プロレスのレフェリーだったミスター高橋氏が、その当時、アントニオ猪木の右腕だった山本小鉄《やまもとこてつ》氏から聞いたとされる発言である。

「技術も体力も全盛期だった前田が猪木さんに関節技を決める。猪木さんにもメンツがあるからギブアップはしない代わり、前田の耳元で『前田、これは仕事じゃないか』と囁く。それを聞いて人のいい前田は締めている腕をゆるめる。と、その瞬間、猪木さんは前田の目玉をえぐるだろう」（原文まま）

両者の対戦が実現していた場合、この言葉が現実化していたかはともかく、猪木、前田の双方をよく知る山本氏の見解は、両者のキャラクターをものの見事に言い当てているように思う。

それを踏まえた上で面白いのは、アントニオ猪木が引退した直後に『東京スポーツ』（一九九八年四月九日付）紙上で明かされた「独占手記」にあったこの言葉だった。

「UWFに移ってタモトを分かったが、私自身、次の世代を背負うのは前田日明だと考えていた。世界に通用するヘビー級の体格は藤波、長州（力）にはない財産だった」

つまり猪木は、後継者に前田日明を考えていた、というフシがある。

ちなみに私はかつて、ついにアントニオ猪木戦を受けなかったジャイアント馬場評を、前田に聞いたことがある。その際、前田はこう言った。

「会ったこともないんで、俺はよくわかんないんだけど……。う〜ん。（と、熟考して）わかんないね。会ったこともない人をとやかく言ってもしゃあないから、なんとも言えないね」

そこで私は、かつて馬場さんが「シュート（いわゆる真剣勝負）を超えたものがプロレスである」という言葉を残していることに触れてみた。すると前田はこう言ったのだ。

「そういえば『シュート』っていうのは隠語でね。俗語辞典で調べたら、スラングで『射精』って書いてあるんだよ。きっと馬場さんは絵もうまいんだなぁ」

もちろん私は即座に「それは写生です」と突っ込みを入れたが、日明兄さんは、ダジャレの面でも、やはり猪木さんの後継者だった。

また、別の見方をすれば、未だに現役としてリングに立つ、最も猪木イズム濃度の高い後継者は、かつて猪木の好敵手として活躍したタイガー・ジェット・シンではないだろうか。いま現在、還暦を越えたであろうシンだが、それはリング上のたたずまいよりも、シンが入場する際に発揮される。シンから逃げ惑う観客と、シンの周囲をガードする関係者の血走った目を見ると、猪木イズムの奥深さと幅広さを痛感してしまうからである。

「お互いのプライドがルールだ」

さて、「殺し」である。

だが、これを語る前に、あらかじめズバリ言っておかなければならないことがある。

冒頭からこれだけ書き続けておいて、なにをいまさらと思うかもしれないが、現代において、「闘い」をビジネスとしようとした場合、最大公約数を納得させるキーワードの一番目に来るのは「殺し」ではない。

ではいったいなんなのか。

おそらくそれは、この二文字しかない。

「最強」

まずはこれなのだ。そしてこれは日本のみならず、万国共通の概念ではないかと思う。

「誰が一番強いのか」

つまりは、この単純明快な回答を求めるため、古《いにしえ》の時代より、男たちはそれこそ果てしのない闘いを繰り広げてきた。

ただ、ここでひとつの大きな問題が生じてくる。

「古《いにしえ》の時代より、果てしのない闘いを繰り広げてきてもなお、未だに『最強』を求めるのか。

結局、『最強』なんて存在しないのだ」

こういった愚問である。

再びズバリ言おう。

それこそがロマンではないか。

そして実在するに決まっているのだ。だからこそ、こうして果てしなき闘いを繰り広げてきたのだから。

「プロレスは最強の格闘技である」

かつてアントニオ猪木はそう宣言し、自らのつくった新日本プロレスをこう評した。

「キング・オブ・スポーツ」と。

だが、これを現代に置き換えた場合、ひとつの障害にブチあたる。

ルールをどうするか。

すべてはこの問題をどうクリアするか、だと言っても過言ではない。

もちろん、これをアントニオ猪木流の言語を用いるとこうなる。

「お互いのプライドがルールだ」

たしかに、なにが反則かをルールによって事前に決めなければ、その段階ですべて、己のプライドに照らし合わせるしかない。いや、決めてあったとしても、最後は己のプライドによって闘いの色合いは変わってくるだろう。

プライドとは自尊心、自負心、誇りのこと。

そう考えると、実は「最強」ほど、自分自身の内面と密接に関係しているものはない。

『私、プロレスの味方です』

一九八〇年二月二十七日、蔵前国技館（当時）でアントニオ猪木×ウイリー・ウイリアムス戦という「格闘技世界一決定戦」が行なわれた（結果は四ラウンド一分二十四秒、両者がもつれたままリング下に転落。猪木が場外で腕ひしぎ十字固めによりウイリーの肩を脱臼させ、猪木も肋骨を負傷。両者ドクターストップによる引き分け)。ウイリーとは「熊殺し」の異名を持つ極真カラテの猛者である。

そして同年五月、「プロレス関係者以外の者がプロレスのことを書いた最初の本」である、『私、プロレスの味方です』(村松友視著)が出版され、「観る側」の視点によるプロレスを論評することが事実上解禁されていく。ここにはこうある。

「ルールとはあらかじめ定められた八百長であり、そして、プロレスはルールにもっとも重みをおかないジャンルである、ゆえに、プロレスは八百長からもっとも遠いジャンルである」(原文まま)

しかも「プロレス」には「プロレス内プロレス」と「過激なプロレス」があり、さらにそこからはみ出した「異種格闘技戦」が存在する、といったことが書かれている。

「では『過激なプロレス』とはいったいどんなものなのか。それは、『暗黙の了解』を超える瞬間のあるプロレスとしか言いようのないものだ」(原文まま)

さらにこうある。

「組合せ、試合形式、コンディションによって試合展開は千差万別、『これがそうだ』というイメージを試合以前に描くことはできない。つまり、『暗黙の了解』を超えた部分を持つ試合が『存在する』と信じるロマンの眼によって、『過激なプロレス』の輪郭は醸し出されるしかないのだ。だが、そういう試合をしても、それが単なる『プロレス内プロレス』であるとしか映らない眼《まなこ》には同じことなのだから問題は複雑になってくる」（原文まま）

そしてこの当時、「過激なプロレス」をさらにはみ出した「異種格闘技戦」は、アントニオ猪木の専売特許であり、先の猪木×ウイリー戦も含めた「格闘技世界一決定戦」は、大きな「興行」の切り札として存在していた。

ひと言でいえば、贅沢な時代である。

「プロレスとは、プロレスを考えることがプロレスなのだ」

こういった論評を、公にすること自体が斬新な時代だったのだから。

そしてもちろん、私も「『暗黙の了解』を超えた部分を持つ試合が『存在する』と信じるロマンの眼」を持つ者と自分を位置づけ、「過激なプロレス」に惹かれていった一人である。

さらに言えば、この世界は村松氏が言うところの「他に比類なきジャンル」として、また、「I編集長」が言うところの「底が丸見えの底なし沼」としていまもなお君臨し続けているのであります（『私、プロレスの味方です』風）。

「興行と八百長」

「ルールとはあらかじめ定められた八百長であり、そして、プロレスはルールにもっとも重みをおかないジャンルである、ゆえに、プロレスは八百長からもっとも遠いジャンルである」（『私、プロレスの味方です』より／原文まま）

これは「プロレスは世間でいわれる『八百長』とは無縁の世界である」という意図を含んだ文章である。

しかも、明確なルールと第三者による統制機関であるコミッションのないプロレス界では、おのずと経験（キャリア）が幅を利かせ、「格」が優先されていく構造になる。

それでも構わないのだ。強者たちが集い、常に「最強」を争う場所であれば、そしてルールやコミッションを凌駕《りょうが》する「プライド」さえあれば、いくら経験や「格」があろうと、自然と淘汰《とうた》されていくのだから。

たしかに、プロレスに限らず、大相撲にしろ、プロボクシングにしろ、『Ｋ－１』にしろ、それが「興行」である限り、「八百長」や「真剣勝負」といった論議は、決して避けては通れないものではないかと思う。それは、常日頃から「政治とカネ」の関係が取り沙汰され、問題視されるのにも似て、「興行と八百長」は、切っても切れないものとして語られるに違いない（ちなみに、国会中継にしても、時折みられる「殺し」を感じる部分からは伝わってくるものがある）。

最近も、相撲協会と週刊誌による民事裁判が話題になった。というか、このテの問題は、思い出したように話題になるから不思議である。

その前に断っておくと、私はそれほど相撲に詳しいわけではない。

とはいえ、まず相撲は、形式における〝美〟として、ああいう体型を求められる。そしてあの体型を維持しなければならない。それをクリアしてなおかつ幕内に入り、ましてや横綱になる、なんて尋常ではない「努力」はもちろん、「心・技・体」どころか、圧倒的な「運」がなければ絶対になれない。つまり、これに加え、才能、気力、野心、根性……、そういったものすべてが揃った時に横綱になることができるのだ。まさに、人知をも超えた存在と言っても言い過ぎではない。しかもそんな神懸かり的な能力がありながら、それを奢《おご》らないのが横綱という存在なのだ。その時点で、全面的に相撲を肯定してもバチは当たらないだろう。

「八百長のどこがいけないの？」

極論すれば、そう言ってしまっても構わない。

もちろん、日本にある競馬や競輪、競艇といったギャンブルの場で「八百長」を廃止したい方がいる、というならまだ話はわかる。ただ、そういったギャンブルで認められているもの以外、そもそも日本の法律では勝敗にカネをかけること自体が禁じられているのだから、仮の話、勝敗を巡って金銭のやりとりが存在したとしても、それが「不正行為」なら、相撲協会と週刊誌が裁判で争う前に警察が動くだろう。つまり、民事事件ではなく、刑事事件になるはずである。

だからこそ、そういった議論が起こるなら、私としては教えてほしいことがある。

「どの法律に触れるんですか?」と。

つまり、「浮気」の定義が人によって違うのにも似て、そもそも「八百長」を公明正大にキチンと定義しない限り、この論争はどこまで行っても不毛なのである。

「相撲は国技だから」

もしそう言われるのなら、「国技でなければ構わない」ということなのか。

そしてこうも思う。

〈野暮だよなあ〉

〈発想が貧困じゃない?〉

〈裁判長も、いい迷惑だと思ってるんだろうなぁ……?〉

誤解を承知で言うなら、あくまでいい意味で「見て見ぬフリをする」という器量はないのか、とも思う。

一九八九年、アントニオ猪木が、旧ソ連の格闘家を新日本プロレスのリングに引っ張り出してきた時、猪木はガチガチの社会主義国だったソ連のトップどころに対し、「プロレス」の定義をこう説明したという。

「プロレスとは、お客さんを掌《たなごころ》に乗せることを競う勝負である」

掌（たなごころ）とは、手のひらのこと。

そして猪木の説明を受けた旧ソ連の幹部たちは、「我々のやりたいことはそれなんだ！」と、手を叩いて喜び、レッドブル軍団の日本派遣を認めたという。

この言葉は「プロレス」だけではなく、あらゆる「プロ」の「興行」に当てはまるのではないだろうか。

そう考えると、残念ながら大相撲は、「観る側」を掌に乗せる前に、「観る側」の掌に乗ってしまっている。

その時点で、猪木の言った「勝負」に負けているような気がする。

「受験英語」

つまりはあくまで建前論ではなく、内輪に向けた本音の話として言わせてもらうなら、どのジャンルに限らず、私はすべてがすべて本気の度合いをクライマックスにして闘うことなど、一切なくて構わないと思っている。

いや、いま時そんな合理的でない話が通じると思っているほうがおかしいのではないか、とも思う。

それは、身近にあるもので説明するなら、誰しもが一度は必ず通る学校教育でたとえられる。そしてそれがどの科目かはともかく、学校において授業を受けていると、週に一度や二度は、必ず小テストがあったはずである。

この場合、もちろん人それぞれにはなるが、仮の話、事前に小テストがある日が毎週決められていたとしても、毎回の小テストに対して、毎週気合いを入れて徹夜で朝まで本気で勉強する人間のほうが少ないのではないだろうか。

つまり一般論で言えば、本気の度合いは、小テストよりも中間テストや期末テストといった定期テスト（定期考査）のほうが上になる。なぜならそれは、直接的に通信簿という査定に響く度合いが大きいからだ。

そして勉学に励む受験生にとって本気度が最も高くなるのは、言うまでもなく（小中高校や大学への）受験になる。それは、自分の将来に向けた進路の問題と密接に関わってくるからだ。言い方を換えれば、本番の受験にだけ、絶対的な本気度を発揮して、確実に結果が出せれば、それはそれで進学にはなんの問題もないことになる。

ただし、これはあくまで受験の話であって、人生においてはどの段階で本番が訪れるかは人によってタイミングが違う。

さらにこれもまた学校教育に関連づけて付け加えるなら、日本においては「英語」という科目が説明しやすい。いま現在の学校教育は把握していないが、私に関して言うなら、中学生になると同時に、学校で習う教科に、「英語」が加わったと記憶している。

これを学び続けるうち、「英語」には「受験英語」と呼ばれるものがあることを知る。それは、もちろん「実践英語」とはまた違ったものになるが、両者が同じ「英語」である限り、その関係はまったく別のものではなく地続きの関係である。

とはいえ受験に関して言えば、「実践英語」よりも「受験英語」を知っていたほうが、進学する際に有利になることが増える。それは、日本の英語教育が「英会話」という対話（ダイアローグ）ではなく、「読み・書き・文法」といった独白（モノローグ）を重視したシステムを取っているからだ。もちろん、最近の英語教育は変わってきたかもしれないが、少なくとも私が学校で受けた英語教育はそうだった。

ところが、いざ受験を終え、社会に出てから必要になるのは、「受験英語」よりも「実践英語（英会話）」になる。つまりは対話が重視されるのだ。となれば、いくら文法的に正しかったとしても、両者の意図が通じ合わなければまったく意味がなくなってしまう。しかも対話には口から発する言葉以外に、身振りや手振りといった動作、そしてなにより相手に伝えようとする意思を含んだ熱意も重要なポイントとなる。

そこで翻って「最強」に話を戻せば、どのジャンルにおいても「受験英語」と「実践英語」の関係に似たものはあるに違いない。

とはいえ、たとえ普段はハイレベルな「受験英語」を使っていようと、いざとなった時に「実践英語」を駆使してその場に対応できれば、まったく問題はないのだ。

決定的瞬間

つまり格闘技をイベントとし、そこに必要不可欠な「最強」を掲げるためには、あくまでも「実戦（実践）」をイメージした裏付けがなされなければならない。

実際、今日に至るまで、その両者を内包したイベントがいくつ開催され、その間、いったいどれだけの試行錯誤が繰り返されてきたことか……。

それでも、結果的にようやく現代において、公に一応の結論を見る決定的瞬間がやってくる。

それは一九九三年、「最強」と「実戦」をビジネスの根幹に据えながら、新たなジャンルを構築すべく開催された、ふたつのイベントが誕生したことに起因している。『Ｋ−１』と『ＵＦＣ（アルティメット・ファイティング・チャンピオンシップ）』がそれである。それが証拠にこの両者の投げかけた大きな一石にこそ、いま現在もマット界に大きな運動体（ムーブメント）として君臨し続けている理由があるような気がする。

本書を手に取った方なら御存知だろうが、あらためて確認のために記述する。

『K－1』

これは、キックボクシング、カラテ、カンフー……等、立ち技格闘技の「最強」を決める大会として、四月三〇日、東京・代々木第一体育館で第一回『K－1グランプリ』が開催され、世界の強豪八名によるワンデイトーナメント戦を勝ち抜いたブランコ・シカティックがその栄冠に輝いた（優勝賞金は一〇万ドル＝約一千万円）。なにより『K－1』に価値をもたらしたのは、それまで乱立した世界王者を一堂に会し、リアル世界王者を決定したことである。

これは一九八〇年代初頭、アントニオ猪木がプロレス界で提唱したＩＷＧＰ（インターナショナル・レスリング・グランプリ）構想と同様の概念だった。これをＫ－１プロデューサーである正道会館の石井和義館長（現・宗師）は「立ち技（打撃系格闘技）」において実現させたのだ。

そして『K－1』の誕生から約半年後の十一月十二日、その衝撃をさらに上回る戦慄が、我々に走った。

『ＵＦＣ』

「究極の闘い」を名乗るこのイベントは、優勝賞金は五万ドル（約五百万円）。八角形（オクタゴン）の金網に囲まれたリングで行なわれ、目つき、噛みつき以外はなんでもあり。まさかの金的攻撃をも許可されたルール（五分五ラウンド）だった。

ちなみにこの第一回『UFC』は、やはり世界の強豪八名によるワンデイトーナメントで争われたが、その経歴は柔術、カラテ、ボクシング、プロレスリング……など、様々なジャンルの猛者による最強決定戦だった。いま思えば、「格闘技」の試合というより、地下プロレスに近く、賞金目当てに腕自慢が集まる力比べのイメージの強い大会だった。

そしてこの時、並みいる猛者を押しのけ、優勝を果たしたのが、僅か八〇kgそこそこの体格でしかなかったホイス・グレイシーだった。

だが、ホイスをして「自分より一〇倍強い」と言わしめた男がグレイシー一族には存在した。それがホイスの兄、ヒクソンだったのである。

しかも、いまでこそ米国ラスベガスやイギリスのロンドン、オーストラリアのシドニーなど、世界各地で開催される『UFC』だが、その初開催地は、アメリカのコロラド州にある片田舎の街デンバーだった。コロラド州といえば、日本のマラソン選手が高地トレーニングを行なうことで有名なボルダーがあることでもわかる通り、標高の高い場所。デンバーには航空宇宙分野における基地も存在するが、日本にある宇宙基地が種子島にあることを考えれば、いかにこの大会が辺境の地で開催されたかが想像できるように思う。

「三種の神器」

さらに言えば、この頃の『UFC』と『K－1』には、そのルールのなかに重要なポイントがひとつ存在していた。

「無差別（フリーウエイト）」

つまりは体重制限がないことを指す。

そう、『K－1』と『UFC』がこのポイントをガッチリと押さえてしまった以上、おのずとそれは我々の視界に入ってくるべきものだった。なぜならそれは日本人にとっては馴染み深い、「プロレス」の概念に相通じるものだったからだ。

では、なぜ『K－1』と『UFC』、そしてこの二大イベントに遅れること四年後に誕生した『PRIDE』が「殺し」を語る上で避けては通れないのか。

それは、先にも書いた「最強」「実戦」「無差別」を押さえてしまったからにほかならない。

そして「実戦」とは、具体的に記せば、「顔面あり」になる。

もちろん現代の日本において、拳による顔面への攻撃を認めている「格闘技」はいくつか存在する。最も著名なものはボクシングになるに違いない。ほかにはキックボクシングもこれに該当する。

だが、日本に限定した場合、この両者には、なかなか「無差別（重量級）」に当たる大会は見られなかった。

だからこそ、『K－1』の出現は革新的だったのだ。

そしてその衝撃をさらに上回った『UFC』によるインパクトは、あまりにも壮絶すぎた。なにしろ、素手による容赦のない殴り合いは、街のケンカを彷彿とさせる（現在は専用のオープンフィンガーグローブを使用）。もちろん競技体系だけは取られているため、反則がないわけではないが、ほとんどの攻撃が自由。馬乗りになって上から拳を振り下ろす場面には「凄惨」の二文字が脳裏をよぎった。

とはいえ、初めての試みだけに、なかには片腕だけボクシンググローブ（八オンス）を装着したファイターもいた。それだけ、まだこのルールがどんな試合展開をもたらすのか、誰にもわからなかったのだ。それでも、「最強」「実戦（顔面あり）」「無差別」というトライアングル構造が導き出すリアリティこそ、「殺し」につながるために必要不可欠な「三種の神器」なのである。

そしてさらに言えば、打撃に限定された『K－1』と、米国を主戦場とする『UFC』に比べ、我々の身近に存在した「最強」のプロレスラーである髙田延彦が出場し、ヒクソン・グレイシーに対して「世紀の敗戦」を喫する場面を現出させた『PRIDE』には、すべてを根底から覆される厳しさを見せつけられた。

果たしてそれを、先にも書いた「英語」の話を引き合いに出して論ずるなら、我々が観続けてきた「プロレス」が、「実戦（実践）プロレス」ではなく、「実戦（実践）」には通用しない「受験プロレス」だったのか、という大きな疑問を抱かせてしまったからだ。いや、はからずも『PRIDE』の出現は、それまで漠然とだけしかなかった疑念を、あからさまに眼前へと突きつけ、目を背けさせない選択を呼び込んだ。

ただし、ここで言う「実戦（実践）」とは紛争地での戦闘を言っているのではない。「プロ」として観客を前にした「興行」の場での「闘い（ケンカ）」を指す。

アントニオ猪木が、自身の引退試合（一九九八年四月四日、東京ドーム。四分九秒、グランドコブラでドン・フライに勝利）直後に出版した『猪木寛至自伝』には、次のような記述がある。

「力道山のレスラーとしての実力はどうだったのか？

死ぬ少し前、練習のときにしごかれたことがある。スパーリングになったとき、私は簡単にバックを取ってしまい、あれ、先生も衰えているんだな……と感じたことがあった。

しかし喧嘩は本当に強かったと断言できる。リング下で見ていて、怒ったときの力道山は、相手を殺してしまうのではないかと心配させるような雰囲気があった。
『影響を受けたプロレスラーは？』と尋ねられれば、私は力道山とカール・ゴッチとルー・テーズの三人をあげる。ルー・テーズは理想的な肉体を持った天才。カール・ゴッチは努力を重ねて強さを身につけた男。しかし力道山のプロレスはそれらとは全然違う。喧嘩なのである」（原文まま）

やはりこれこそが「I編集長」の言った、「殺し」につながる大きな要素のひとつであることは間違いがない。

ちなみに『PRIDE』は、一九九七年一〇月十一日に東京ドームにおいてその産声を上げた。つまり「ビッグエッグ」と呼ばれる巨大な卵は、「観る側」の意識をひっくり返す、問答無用の価値観までふ化させてしまったのである。

第４章
「殺し」の事情

最も割を食ったもの

『K－1』と『UFC』、そして『PRIDE』が胎動を始めたことで、最も割を食ったものがある。

それこそが「プロレス」になるだろう。

振り返ると、私が思春期の頃、金曜の夜八時には、決まって『ワールドプロレスリング』にチャンネルを合わせていた。そこには、いま現在は「初代」と呼ばれるタイガーマスクがいて、藤波辰巳（現・藤波辰爾）と長州力の名勝負数え唄が続き、トリを務めるアントニオ猪木の存在があった。

一九八六年一〇月からは金曜夜八時から月曜の夜八時に時間帯を移した『ワールドプロレスリング』は、結局、一九八八年三月をもって、ゴールデンタイムでの定期放送をハズれ、別の時間帯への放送へと移行。ゴールデンタイムへの登場は、年に数回放送される特番での扱いになってしまう。

それでもプロレス人気は根強く、一九八九年四月に新日本プロレスによって初開催された東京ドーム大会は、一九九二年から未だに続く正月四日の恒例となり、それ以外の団体も相次いでドーム大会を開催するなど、プロレス人気は衰えを知らなかった。

とくに新日本プロレスに至っては、一九九七年には東京（二回）、大阪、名古屋、福岡でのドームツアーも実現し、その人気に陰りが見える隙はなかったように思う。

ただし、一九八九年七月、アントニオ猪木が、自身が立ち上げたスポーツ平和党から参議院議員選挙に出馬し、これに当選。政界に進出すると、プロレス界の趣が変わっていったことはたしかである。

「アントニオ猪木のプロレスには『殺し』がある」

先にも書いた通り、「I編集長」は常々そう口にしていたが、その猪木が新日本プロレスのリング上からいなくなってしまったのと時を同じくして、徐々に「殺し」の「匂い」が薄れていってしまったのだ。それでも、猪木が年に何度かはリング上に復帰することで、かろうじて「殺し」の概念だけは失われることなく、ようやくといった雰囲気でリング上を徘徊し続けていたように思う。

とはいえ、アントニオ猪木によって植え付けられた「殺し」への欲求を抑えられなくなった「観る側」が向かった先が、一九九三年から開催された『K－1』と『UFC』だった。

だが、『K－1』が日本国内で行なわれるのと違い、『UFC』は米国を主戦場とする。つまり、会場に足を運ぶためには海を渡らなければならない。いや、いま考えればこの距離感こそが、『ＵＦＣ』への幻想を膨らませたに違いない。

「I can die for GRACIE―JIUJITSU.（私はグレイシー柔術のために死ねる）」

グレイシー柔術を体得したホイスは、初開催された『ＵＦＣ』で優勝を果たすとそうコメントした。この武士道がかった発言を含め、これ以降、世にいる格闘技好きはこぞって「グレイシー柔術とはなにか」という研究をしはじめることになる。

ウルトラマン×仮面ライダー

グレイシー柔術とはなにか？

それは安全面に配慮し、スポーツ化した近代柔道とは真逆の「柔」を突き詰めた、実戦にも即した護身術。簡単に言えばこれがグレイシー柔術の正体だと言えばいいだろうか。

つまりは護身術なのだ。

だからこそ、その特性ゆえに起こってしまう大きな「問題」がある。

どんな「問題」か？

それを説明するために、ここで少しだけ本題から離れることをお許し願いたい。

あくまでも、ここからは架空の話である。

『ウルトラマン』

『仮面ライダー』

日本が世界に誇る二大スーパーヒーローである。例えば、この両作品の主役となる登場人物が闘ったと仮定する。もちろんノールールで、である。

ただし、『仮面ライダー』は等身大のヒーローだが（なかには例外も存在する）、『ウルトラマン』は身長が四〇メートル、体重は三万五千トンもあり、これだと通常のリングでは試合ができないため、身長は二メートル以下とし、両者の契約体重は一〇〇kg以下とする。

また、便宜上ウルトラマン側は初代ウルトラマン、仮面ライダー側は仮面ライダー1号が出場するものとする。

つまり、初代ウルトラマン×仮面ライダー1号戦という夢の対決が実現するのだ！

この場合、ウルトラマン側は地球上では三分間しか闘えないため、三分一ラウンドを要求してくるだろう。

一方、仮面ライダー側は、空を飛べる初代ウルトラマンに対し、上空からの攻撃を全面禁止するよう求めるに違いない。

「もし上空からの攻撃を認める場合、こちらとしてはサイクロン号（ライダーの乗るオートバイ）を使った攻撃も認めてほしい」

試合前の段階では、そういった丁々発止《ちょうちょうはっし》も予想されるのだ。それでも初代ウルトラマンにはスペシウム光線をはじめとする光線技があるため、かなり離れた場所からの攻撃が可能である。つまりは圧倒的に有利である印象を受ける。そもそも仮面ライダー1号が改造人間であるのに対し、初代ウルトラマンはM78星雲にあるウルトラの星（光の国）出身の宇宙人。仮面ライダーの攻撃が通用するのか、といった疑問が湧く。

それでも諸々の調整がついたと仮定し、リングに対峙した両者に対し、運命のゴングが鳴らされた！

護身術の真髄

先にも書いた通り、試合時間は三分一ラウンドである。もちろんこの間に、初代ウルトラマンは必殺のスペシウム光線を、仮面ライダー1号は十八番のライダーキックを相手にヒットさせたいと願っているに違いない。

さて、ここから「いよいよ夢の対決！」となるわけだが、これもまた仮定の話として考えると、試合当日までに、両者がグレイシー柔術を完璧に身につけ、その技術を用いて闘ったとしたらどうなるだろう？　なにせウルトラマンと仮面ライダーである。その程度のことは朝飯前と、平気で体得するに違いない。

こうなると、おそらく両者ともに相手の攻撃を警戒し、どちらからともなくタックルを仕掛けていく可能性は否定できない。そこからガードポジションになり、つまりはお互いに密着し、軽くパンチなど出しながら、結局は三分という時間のなかで、相手に隙ができるのを待つ。隙ができれば、それを逃さずに自分の得意技を出す。これが我々の観たグレイシー柔術の闘い方だからだ。

考えればウルトラマン、仮面ライダーの双方ともに、観客の前で試合をするのは初めてになる。そういう意味でのプロ意識を持って闘った経験は皆無なのだ。であるならば、お互いに絶対に相手には「負けたくない」という意地がある。

結局、そのまま三分が経ち、終了のゴングが鳴ってしまうことも十分有り得る。この場合は完全に、会場中が大ブーイングの嵐に包まれるのは確実である。

なぜなら「観る側」は、この試合で初代ウルトラマンのスペシウム光線が、そして仮面ライダー1号のライダーキックが、三分間のうち、どの段階で出るのかといった視点でリング上を凝視していたからにほかならない。いや、もしかしたら両者に限っては、密着し続けたままでいても、三分間程度なら十分「観る側」が耐えられる内容になってしまうかもしれない。なにせウルトラマンと仮面ライダーがリング上で密着し、お互いの隙を窺っているのだから。

それでも、両者の得意技が出ないままに終了となってしまえば、それはそれで非常に残念な思いを残すに違いない。

とにかくその場合、両者の対決はドローになる。もちろん、ジャッジによる裁定をつけるのもアリだろうが、きっとそれは誰も望まないだろう。

ここまで書けばおわかりだろうが、そもそもグレイシー柔術という護身術は、相手の攻撃を封じるのが目的なのだ。つまりは、いかに相手の得意技を出させずに、自らの身を守るか。これを主眼としている。これこそが(現代の)護身術の真髄なのだ。要するに、ここにすべての「問題」が隠されている。つまり護身術が「相手の攻撃を封じて身を守る」のを目的としているのに対し、「観る側」は両者によるわかりやすい「攻防」を期待しているからだ。この点において、護身術は「観る側」の存在を前提とした「プロ」の「興行」には不向き、ということになる。

かつてのアントニオ猪木×モハメッド・アリ戦(一九七六年六月二十六日、日本武道館。三分十五ラウンドで行なわれ、ドロー)ではないが、一見しただけではさしたる「攻防」が観られないまま、終了のゴングを聞かなければならなくなったら、それこそ「世紀の凡戦」との世論に巻き込まれる。

だがあくまで現実的に言えば、実は夢の対決は、そういった到底「夢」には見えない試合内容になる確率を大きく孕《はら》んでいるのだ。

「プロレス」と「格闘技」

グレイシー柔術が護身術であることはすでに書いた。

それがゆえに、その技術体系が「興行」には不向きな側面があることも述べた。

それでも彼らは己の正当性を主張する。

「動物が獲物を狙うのに、なぜ時間を気にする必要がある?」

彼らはそんな理屈を盾に、時間に制限を設けることを嫌う。

だが、この主張は時間制限の存在する現代の「格闘技」の大会（興行）には受け入れられないものだった。

似たような主張は『K－1』にも存在する。

曰く、

「『K－1』にはキックボクシングで有効となるヒジを使った攻撃が認められない」

「現状の『K－1』のラウンド数が三分三ラウンドというのはいかがなものか」……等々。

もちろん、そういった諸々の主張は理解できなくはない。それでも、できるだけ「最強」をイメージしやすい最大公約数のルールを制した者こそが、人を熱狂させる「最強」というアイテムを手にすることができる。つまりは世論を味方にすることが、現代の「最強」を証明することにつながるのだ。

言ってしまえば、「最強」ほどのまやかしは、世の中には存在しないのかもしれない。言い換えれば、だからこそ人は「最強」という幻想を求めてしまう。

では、この日本という国において「世論を味方にする」とはどういうことか。

それは地上波のテレビ局で中継されているか否かを指す。もちろん、ゴールデンタイムでの中継があるかないか、である。

この点において、『K－1』は一九九六年一〇月からその条件を満たしたが、未だに『UFC』にはそれがない。結局、一九九七年から開催されている『PRIDE』にしても、『PRIDE』に通ずるMMAのイベントが、初めてプライムタイムで中継されたのは、船木誠勝×ヒクソン・グレイシー戦（一ラウンド十一分四十六秒、チョークスリーパーでヒクソンの勝利）が行なわれた『コロシアム2000』（二〇〇〇年五月二十六日、東京ドーム）だったが、これは、テレビ東京系列での当日夜一〇時からの一時間枠での放送だった。正式なゴールデンタイムでの中継（TBS系列による夜七時からの二時間枠）となると、二〇〇一年の大みそかに開催された『INOKI　BOM－BA－YE（猪木祭り）2001』からになるだろう

（現在、その流れは『DREAM』に受け継がれている）。

そしてとくに平成に入ってからは、テレビ局を納得させる条件に、「プロレス」という呼び方を使っての表現は御法度だった。理由は、その呼び方が、日本人にとってネガティブな志向を連想させる「八百長」をイメージさせるからだ。

そこでひとつの論法が生まれた。

「これは八百長をイメージさせる『プロレス』ではなく、すべてがリアルファイト（真剣勝負）の『格闘技』です」

この言葉は「プロレス」を名乗ってリング上でビジネスをし続ける者たちのなかに、リアルファイトをイメージさせない存在が横行しはじめたことも相まって、よりその真実みを増したカタチでテレビ局に対して急速に伝わっていった。これによって、完全に「プロレス」は「格闘技」というカテゴリーから除外されていくことになる。

つまり、すべてはビジネス上の観点において、「プロレス」と「格闘技」は分類されたのだ。

だが、しょせんビジネスとは、既得権を持たざる者が、既得権を持つ者に対して仕掛けていくもの。要はマット界の場合、「プロレス」による既得権を持っていなかったテレビ局や関係者によって、「プロレス」は勝手にそのイメージを「格闘技」とはまた違った「プロレス＝リアルファイトではない」というジャンルに変えさせられるきっかけをつくられてしまったと言ってもいいだろう。

「馬場さん」

たしかに「プロレス」には「格闘技」には見えない要素が充満している。

・椅子を含めた凶器攻撃
・現役プロレスラーの平均年齢
・マスクマンやペイントレスラーの存在
・(タッグマッチにおける)二人がかりの攻撃

そもそも、一般的には五カウントまで反則が自由というルールが明文化されている時点でリアルファイトなのか懐疑的と思われる。

だが、やはり最もその存在感を失ってしまったのは、アントニオ猪木の引退とともに、リング上から「殺し」が消えてしまった印象を与えてしまったからにほかならない。

一般的に日本におけるプロレス興行の起源とされる一九五一年九月、旧両国国技館(メモリアル・ホール)で慰問として行なわれた「プロレス」は、その呼び方も含め、『ＰＲＩＤＥ』が誕生する「前」か「後」かによって、まったくその役割が激変してしまったように思う。

「すべては『PRIDE』の前か後かに分けられる」

つまりはそういうことなのである。

しかもこれと関連して、実はもうひとつ「すべて」と使わなければいけない事象が存在しているのを御存知だろうか。

そしてそれこそ、「すべては『PRIDE』の前か後かに分けられる」と同義語と言っても言い過ぎではない文字の羅列になる。

「すべてはアントニオ猪木に責任がある」

そう、すべてはここに集約されるのだ。

アントニオ猪木
ジャイアント馬場
御存知の通り、現在のプロレス界を形成してきた偉大なる二大巨頭である。だが、聞けば力道山の弟子として育った両者には大きな違いがあったという。曰く、読売巨人軍の投手から転身し、二〇九cmという身長に恵まれた馬場と、ブラジルへの移民者ながら〝プロレスの父〟力道山に拾われた猪木では、待遇に違いがあって当然だった。もちろん力道山は泣く子も黙る戦後最大のスーパースターだったが、猪木に対しては暴君と化すことも少なくなかった。

「こら移民の餓鬼！　ブラジルに追っ返すぞ！」

当時、猪木は事ある毎に力道山から叱責を受け、時には靴べら、時にはゴルフのパターで殴られたという。

〈殺してやる……！〉

あまりの仕打ちに、若き日の猪木はそう思った日もあったというから、その〝かわいがり〟は相当のものだったのだろう。

実を言うと、私はジャイアント馬場の試合を、あまり肉眼で観た記憶がない。というのは私が少年の頃、アントニオ猪木率いる新日本プロレスは、先にも書いた通り「キング・オブ・スポーツ」を標榜し、「プロレスは最強の格闘技である」を推進していた。

一方、ジャイアント馬場が立ち上げた全日本プロレスは、もちろん「王道」でいたかもしれないが、新日本のレスラーたちからは「あんなものはプロレスではない。一緒にするな」というスタンス。一九八〇年代前半に巻き起こったプロレスブームの際にも、その当時、新日本プロレス営業本部長だった新間寿氏は堂々と「プロレスブームではなく、新日本プロレスブームだ」と公言して憚らなかった。

「プロレスは闘いである」

「プロレスはプロレスである」

前者がアントニオ猪木、後者がジャイアント馬場による「プロレス」の定義である。もちろん、これは前者を聞いた「馬場さん」が、後者の言葉を発したのだろうが、プロレスそのものを知らない人からすれば、圧倒的に前者のほうが伝わりやすい言い方に聞こえてしまう。

しかもこの頃、「馬場さん」はバラエティ番組に出演すると、強さとは違うイメージで語られていた。ましてや「殺し」とはまったく無縁の存在に、少なくとも私の目には映った。そうなると、私としては子どもながらに自然と敬遠していく対象となっていって当然である。

おそらく、その実体験がそうさせるのだろうが、本書の「まえがき」で触れた、現役選手の敬称を略す私の定義に、唯一当てはまらないのが「馬場さん」なのだ。たしかに、ここまでも「馬場」と言い切ってきた箇所もあったが、本音を言えば、どうしても「馬場」とすんなり言い切ることに抵抗を感じてしまう自分がいる。

だが面白いのは、大人になって様々なレスラーの話を聞くにつけ、勝手知ったる新日本出身のレスラーたちよりも、全日本に関わる方々の話を聞くほうが、圧倒的に刺激的で、その話を新鮮に聞き入ることができたという事実だった。

もちろんそれは、私が少年の頃から夢中になって新日本の、アントニオ猪木の考え方や思想を皮膚感覚で染み込ませていたからこそ、それとは違う全日本にゆかりのある関係者の考え方や思想からなる違和感が、これ以上ないほどの面白さを醸し出していたからにほかならない。

かといって、未だに「馬場さん」の言う「プロレスはプロレスである」をすべて理解したとは到底思ってはいないが、それでも自分なりにおぼろげながらであっても、ようやく輪郭だけは把握するくらいはできつつあるような気がしている。

『北風と太陽』

実を言うと、私は「馬場さん」に直接インタビューさせていただいたことは一度しかない。それでも、その独特の雰囲気を体感する機会に恵まれたのだから、私はそれだけで幸せ者だったのかもしれない。

あれはたしか一九九八年に全日本プロレスが初めて東京ドーム大会を開催しようとしていた頃、そのプロモーションを兼ね、「馬場さん」は私が関わっていた一般誌のインタビューを受けたのだ。

猪木流に言えば、「馬場さん」が「環状八号線」を越えて勝負しようとした時、ようやく私にもその「役割」が巡ってきたのである。

ちなみに、猪木の「環状線理論」とは、「観る側」の構造を都内にある環状線道路を使って説明したもので、真ん中の一番小さい「環状六号線」を「コアなファン」、次の同心円上の「環状七号線」が「一見さん」、その次の「環状八号線」が「世間（無関心層）」とあり、それぞれ後楽園ホール、両国国技館、東京ドームクラスの会場に観客を動員する際に例として挙げられる。

もちろん、「馬場さん」にはこっちが根っからの猪木論者なんてことは一切悟られないよう、馬場的な生き方を肯定する記述をしっかりと、入念に、細部にまでわたって予習してからその場に臨んだことを覚えている。

「調子のいいヤツ」

そう思われて当然だろうが、この時ばかりはその「仕事」のやり方を取らせてもらった。「馬場さん」だってそんなことは経験上わかっていたに違いないが、こっちはどこまで踏み込めるかが勝負。それでも、絶対に失礼があってはならない。

『北風と太陽』

簡単に言ってしまえば、馬場と猪木の関係はこのイソップ童話に当てはまる。もちろん、北風＝猪木、太陽＝馬場を指す。それでも思春期の自分には、太陽のすばらしさはまったく理解できなかった。それだけのことである。

そしてこの時、私は自分のなかにあった疑問をすべてぶつけてみた。

〈もしかしたら、自分の生涯においてこの時ほどプロレスの奥深さを知ったことはなかったかもしれない〉

もちろん、あとになってからしみじみ感じたに過ぎないが、それでもジャイアント馬場の話を直接伺った結果、そのくらいの衝撃を受けた。なかには、それは「馬場さん」にとってあまりにも都合のよすぎる解釈ではないか、と感じた箇所もなくはなかったが、それも含めてジャイアント馬場を把握するためには非常に役立った。

それはそこに至るまでの間、私がジャイアント馬場につながるアントニオ猪木という存在を、あくまで自分なりにでも把握できていたからに違いない、と思っている。

だが、すでに書いたように、私はジャイアント馬場の試合をあまり観た記憶がない。そのため、結局はいま残っている記録や映像から察するしか方法はないが、やはりそこには「殺し」は存在しなかったのだろうか。いや、仮に存在したとしても、私が思春期の頃の「馬場さん」が、それとは無縁の存在に映ったことは、先にも書いた通りである。

そこをもう一歩突っ込んで考えるなら、「馬場さん」には驚愕してしまう事実が存在していたことになる。なぜなら「殺し」が明確に見えようと見えまいと、ジャイアント馬場には一切関係がなかったからだ。それだけ「馬場さん」が「殺し」をも凌ぐ、圧倒的な唯一無二の存在感を有していたからにほかならない。

「いさえすれば」

さて、そこで「すべてはアントニオ猪木に責任がある」である。

そう、すべては猪木さんなのだ。

実を言うと私は何度か、この言葉を猪木さん自身に直接告げてみた。それはこの見解が、決して「陰口」レベルではなく、キチンとした実感に基づいてそう思えるからだ。

かつて、アントニオ猪木の兄弟子に当たる故ヒロ・マツダ（小島泰弘《こじまやすひろ》）は、アントニオ猪木を評してこう言ったという。

「あいつはホウキとも名勝負ができる（相手がホウキでも観客を沸かせられる）」

この話を初めて聞いた時、なぜか私のなかの疑問がすべて氷解した気がした。要は、リング上で行なわれる試合に、アントニオ猪木がいさえすれば、相手は誰でもいいのだ。

ところが、この「いさえすれば」という言葉が、いまはもう過去のものになっているのだから、そこに物事のからくり（肝）がある。

先にも書いた通り、アントニオ猪木が正式に引退試合を行なったのは一九九八年四月四日、場所は東京ドームだった。つまりは、もう丸一〇年以上の時間が流れている。

そう、すでに（現役時代の）アントニオ猪木はリング上に存在しないのだ。

ちなみに、アントニオ猪木が引退したのは、『ＰＲＩＤＥ１』（一九九七年一〇月十一日）が開催されてから約半年後のこと。つまり、『ＰＲＩＤＥ』が行なわれた「後」になる。

では、この半年をどう説明するかと言えば、それは実に容易《たやす》く説明がつく。

物事にはすべて糊シロが存在する、ということである。言い換えれば『ＰＲＩＤＥ』の誕生による時代の空気感を見定めたからこそ、アントニオ猪木は悠然と引退することができた、とこじつけることもできる。

なぜならプロレス界において、唯一外向きだったアントニオ猪木が引退してしまったことにより、そもそも内向きな性質を持つプロレス界は、本格的に「殺し」の存在が消えていくイメージを与えるきっかけをつくってしまった。かつほぼ同時期に、それと入れ替わるように誕生した『ＰＲＩＤＥ』には、「他流試合」による無類の緊張感が存在し、それこそが「殺し」に直結するものだったからだ。つまり、アントニオ猪木の引退から『ＰＲＩＤＥ』の誕生という流れには、マット界における「殺し」の継承がなされたことになる。

実を言うとこれこそが、『ＰＲＩＤＥ』そのものの存在意義だと言っても過言ではない。

「木村の前に木村なく、木村の後に木村なし」

先にも触れた通り、その強さをそこまで評された柔道王・木村政彦との一戦において、力道山は木村を凄惨な目に遭わせたが、その「殺し」はアントニオ猪木へと継承され、あろうことか二十一世紀を前にして『PRIDE』へと受け継がれてしまった。もちろんその間に、いわゆる「U」という運動体が必要不可欠だったのは前提の上の話である。

もちろん真実は、偶然が重なったにすぎないが、「単なる偶然」で済ませてしまうには、あまりにももったいない「偶然」である。でなければ、僅か半年というタイムラグの間にアントニオ猪木が正式にリングを去るという「歴史的大事件」が発生する理由がわからない。

それでも、もし「プロレスの神様」や「格闘技の神様」がいるとしたら、きっとそういった「神様」が起こした悪戯《いたずら》にしては、なかなか凄いことをするな、と思う。

「すべては猪木さんが悪い。未だにホウキと名勝負ができる人なんて誰もいませんよ」

いつだったか、私が猪木さんにそう告げると、猪木さんはこう返してきた。

「最近は、雑巾とも（名勝負が）できるようになったよ、ンムフフフ」

やっぱり、すべてはアントニオ猪木に責任がある。

希有な存在

ここまで書いてきた通り「殺し」の有無は、そのままリング上のリアリティに直結し、そこにこそすべての元凶が存在していることはわかっていただけただろうか。

繰り返すが、『PRIDE』の誕生とアントニオ猪木の引退が、プロレス界から「殺し」の存在を『PRIDE』へと移行させてしまったかのような印象を与えたことは間違いがない。

実際、髙田延彦にはじまって、桜庭和志、田村潔司、髙山善廣といった「殺し」の遺伝子を持つ選ばれしファイターたちが続々と『PRIDE』に惹き付けられたかと思えば、小川直也、藤田和之、石澤常光《いしざわときみつ》といったアントニオ猪木の現役晩年の空気をともにした、いわば「殺し」の直系プロレスラーらも集結し、そのイメージは確実なものとなった。

その結果、割を食った「プロレス」が最も影響を受けてしまった。

だが、仮に「殺し」を受け継ぐプロレスラーが『PRIDE』を黙って見過ごし、避けて通ったとしたらどうなったのだろう？

それは「プロレス」そのものの存在理由を問われたに違いない。それはつまり「最強」の看板を掲げることを断念したのと同じだからである。

だからこそ、とくに「殺し」を受け継ぐ者にとって、『PRIDE』は避けて通ることなどできなかった。

結果として、たしかに「プロレス」は割を食ったかもしれないが、それは日本が黒船の来航とともに開国せざるを得なかった状況にも似て、誰の責任でもなく、時代が呼び込んだ気分なのだ。つまりどんなカタチであれ、避けて通らず立ち向かったからこそ、あらたな道が開けたのである。

さらに言えば、『PRIDE』が消滅してもなお、プロレスラーによる「格闘技」への挑戦が続いたことには、率直に驚かされた。最新の例で言えば、二〇〇五年に新日本プロレスから飛び出した柴田《しばた》勝頼《かつより》がそれに当たる。柴田がデビューしたのは一九九九年一〇月、つまりアントニオ猪木の引退した「後」になる。

果たして柴田は、昨年、一昨年と大みそかの『Dynamite!!』に参戦。双方とも惜しくも敗れてはいるものの、かつて「キング・オブ・スポーツ」の看板を背負った人物が、二年連続で大みそかの舞台に立っている事実には、アントニオ猪木が金曜八時を席巻していた頃を知る者にとっては、頼もしくさえ思えてくる。なぜなら、アントニオ猪木が引退した「後」の「プロレス（新日本プロレス）」の世界にも、あきらかに「殺し」が息づいていたという証明ではないか。

いや、もしかしたら柴田という人物が存在したことそのものが希有なのかもしれないが、いまや柴田は「殺し」の最前線になくてはならない一員となっている。その点を含めても、柴田の存在は非常に重要なのである。

「仁義」

アントニオ猪木の引退と『PRIDE』をはじめとするMMAの出現。これが重なった結果、それ以降の一〇年にわたる日本の「プロレス」が、その低迷を呼び込んだことは言うまでもない事実である。

だが実を言うと、これに加え、もうひとつ大きなきっかけが存在していることを忘れてはならない。

それこそが、「伝える側（マスコミ＝メディア）」の体たらくにある。

ひとつの例を挙げさせてもらおう。

「猪木　小川（直也）戦1000万円　渋る高山（善廣）に実弾用意」

『東京スポーツ』（二〇〇九年三月一日付）にそんな見出しが掲載されていた。記事を読んでみよう。

「（小川×高山は）夢の対決にはなると思う。高山がIGFの看板であることは間違いない。今流行している三大病って知ってるかい？　花粉症、鳥インフルエンザ、そして金欠病だ。本当は1億と言いたいところだけど、1000万円でどうだ⁉　ムッフフ…実績とかを考えてもエースはダントツでジョシュ（バーネット）。かといってジョシュにこのままベルトを締めさせてもいけない。どうしても日本人が出てこないと。それには高山か小川か」（原文まま）

この記事を読んで、「『東京スポーツ』はいったいなにを書いているのか……」と少し哀しくなった。

最も気になったのは、なぜ夢の対決に猪木さんが「1000万円でどうだ⁉」と言わなければならないのか。もし仮に猪木さんがそう言ったとしても、そんなものは即却下。そしてこう書くのである。

「猪木　巌流島で小川×高山戦　実弾一億円！」

そう、場所は「巌流島」、金額は「一億円」と相場は決まっているのだ。こんなことはマット界の常識、いやそれこそマナー（暗黙の了解）以前の「Common sense」（一般常識）である。天下の『東京スポーツ』が、いったいいつそれを忘れてしまったのか！

もちろん「巌流島（正式名称は船島）」とは、江戸時代に宮本武蔵×佐々木小次郎戦が行なわれた場所とされているが、マット界においても二度ほど使用されている。

一九八七年一〇月四日、アントニオ猪木×マサ斎藤戦（二時間五分十四秒、猪木のTKO勝利）

一九九一年十二月十八日、馳浩《はせひろし》×タイガー・ジェット・シン戦（一時間十一分二十四秒、

馳のKO勝利）
そして、先にも書いた「力道山×木村政彦戦」以降、マット界の大一番は、常に「巌流島」なのだ。
ちなみにマット界に携わるメディアには三つの「マナー」が存在する。いわば「仁義」である。
・女性関係の話（一晩に×人のお相手をした等の豪快な話は除く）
・カネ（ファイトマネー＝ギャラ）の話
・八百長の話
インターネット全盛のいま、時代錯誤な面があると言われるかもしれないが、もしこれらの事項を書くなら十分な取材と覚悟を持って書くべき性質のものである（なかでも八百長に関しては、自己申告以外は証明ができないと言ってもいい）。

それを平気で「1000万円」とは言語道断。いや、これまでマット界を支えてきた『東京スポーツ』だからこそ、そこは是非とも早急に改善をお願いしたい。どこかで耳にした消費者ローン会社のCMではないが、まさに「マネーよりマナーを」という初歩的な話なのだから。

また、「伝える側」の末端にいながら、その体たらくを見過ごしてきた自分に対する自戒の念を込めて、私のインタビューに対する考え方を告白させてもらいたい。

インタビューとは、お互いが着ている鎧を脱いで、いかに相手の内側に入っていけるかを目的とする。この場合は「お互い」が重要なポイントである。こっちが鎧を脱がなければ、相手だって鎧を脱ぐはずがない。つまりはどうやって相手の本心に近づけるか、という勝負になる。そのためには、まず相手よりも確実に下からの目線で接していく。この場合は、「確実に」がかなり重要なポイントになる。

つまりは、いかに相手に優越感を持ってもらうか。人間というのは、頭でっかちな人には情報を開示しないものだ。逆に、なにも知らない人には、いろいろと教えてくれたりするでしょう？

場合によっては話を聞く相手に対して、まったく下調べをしなくてもいいと思う。なぜなら下調べとはしょせんは二次情報でしかない。裏を返せば、下手に下調べをした結果、いわゆる「上から目線」になってしまっては本末転倒だからだ。それでは目的を達成できない。

それからもうひとつ、すぐにバレる嘘は絶対につかないこと。これは人間関係の距離にもよるが、知らなくてもわざわざ「知らない」と言う必要はない。知らないのに「知ってます」と言ってしまうことほど、話をややこしくしてしまうことはない。

これに付け加えるなら、話を聞く時の相手の雰囲気や表情を観察すること。たしかに、記事上で考えれば、いかに興味深い言葉を引き出すかがポイントだが、その言葉はどんな雰囲気のなかで、どういった表情をしながら、いかなる声の抑揚で口にしたのか。結果的にそれがまったく原稿に反映されなかったとしても、その部分を見極めることのほうが重要だったりするように思う。

「癒着」

さらにマスコミ論を言わせてもらえば、「伝える側」の「王道」を行くはずの専門誌に至っては、かなり深刻な気がする。先にも書いたように、もはやインターネットと携帯電話による速報性によって、試合展開や結果といった情報を発信する意味は薄い。それが日刊であっても、わざわざ印刷する時間を考えると、その伝達速度は太刀打ちできないからだ。また、ブログや公式サイト、ツイッターの普及に伴い、団体や選手が、直接情報を発信できる手段を持ちえてしまった以上、マスコミの役割も、これまでとは大きく様変わりしているのが現状だろう。

だが、それでも専門誌にはやるべきことがある。

・問題提起

・今後を想像（妄想）させる情報

この二点を、いかに掲載するか。これに尽きる。いや、この二点が掲載されていなければ、それは専門誌ではない。なぜなら、その部分にこそ、「観る側」の素人さん（アマチュア）にはわからない、取材に裏打ちされたキラリと光る見方が活かされてくるからだ。

というのはプロ野球やプロゴルフと違い、選手のファイトマネーが公にされていない日本では、素人さんがなにをどう書こうと、それは憶測の域を絶対に出ない。一番肝心なカネの話を曖昧にして書くのだから、真実になんて辿りつけると思うほうがおかしいのだ。

もちろん、しがらみのない素人さんが身勝手な見解を垂れ流すのと違い、業界全体のバランスを重視して取材を行なう「プロ」の仕事をしようとすれば、その分、筆が鈍ることがあるかもしれない。素人さんだからこそ「なるほど」と気づかされる見方を提示する場合もあるだろう。

だが、そこは「プロ」として、そんな物言いに負けるような、しょっぱいマスコミであってはならない。これは自らの実体験に即して言わせてもらうなら、しょせん、この世界のマスコミは後出しジャンケンしかできない性質しか持ち合わせていないのだ。であるなら各媒体は、独自の鼻を利かせる努力を怠ってはならない。

そして、そのために必要不可欠なのはつるむこと。それは、いい意味での「癒着」を指す。

振り返ればアントニオ猪木と『東京スポーツ』や『週刊ファイト』、ＵＷＦや全日本プロレスと『週刊プロレス』、長州力と『週刊ゴング』……、マット界は常にそういった巨大なつるみの論理でそれに見合う求心力を発揮してきた。それは即ち素人さんにはできない所行になる。そうやって「観る側」の素人さんを、過激な「観る側」に育て、かつ自身もしっかりとしたビジネスを構築できるよう、さらなる精進を積んでいくべきではないかと思う。

『ケーフェイ』

「伝える側」の体たらくの象徴はなにか？

それは、ズバリ言えば「暴露本の氾濫」ということになるだろう。

実際、そういった類いの本のなかには、業界内部の人間によるナマの証言もあったりするというから、その点は始末におえない性質のものになる。たしかに、自身のプライドを傷つけられたり、人一倍の報われない苦労を強いられた腹いせも含め、やむにやまれぬ事情がそうさせる場合もなくはないのかもしれない。

もちろん私とて、いつ何時、そういった逆恨みの感情が、憎悪に満ち満ちた文字の羅列を生み出す危険性はなくはない（そうなったら自分でも怖い！）。なぜなら元来、活字なるものは悪意を持って書くか好意を持って書くかで、その趣がまったく変わってしまうからだ。それでも、一度はこの世界に夢を持って携わった人間であるなら、最悪でも首の皮一枚の段階で、すべてを水に流せる度量だけは捨てたくはない、との正論だけは述べておく。
そして暴露本といえば、私は思春期の頃に、ひとつの爆弾的な名著（？）と巡り合っている。いや、私に限らず、この世界に興味を持った同世代の人間ならば、一度は手にしただろう一冊がある。
それが佐山聡《さやまさとる》（初代タイガーマスク）の『ケーフェイ』である。
「ケーフェイとは――、プロレス界で使われている隠語である。レスラーたちは、聞かれるとまずい会話に他人が入ってくると〝ケーフェイ！〟と合図して、話題を変えるのである」（原文まま）
「ケーフェイは、フェイク（ｆａｋｅ）という言葉を裏返しにしたものといわれる。ちなみにｆａｋｅとは――『サギ師』『インチキ』『ねつ造すること』などの意味がある」（原文まま）
たしかに出だしからそんなことが書かれているのだから、これはどう考えても爆弾である。
「プロレスという分野は、練習でやっていることと、お客の目の前でやっていることが１８０度かけ離れた世界なんだよね」（原文まま）
「芸能の世界では〝間〟という言葉があり、名優の演じる芝居などでは『誰々の間《ま》のとり方が実にうまい』などというらしいけど、プロレスの世界も〝間〟のとり方が大事らしい。
ところが、ボクにいわせれば、こんなものは〝非スポーツ〟以外の何物でもないんだ。本物の格闘技なら、相手との〝間合《まあ》い〟はあっても、相手の出すワザを、ただジッと待っている〝間〟なんか、どこにもないはずなんだよね」（原文まま）

さらには「ブレーンバスター」にはじまって、「ラリアート」「トペスイシーダ」「16文キック」「延髄斬り」といった計三十八種類のプロレス技の名前を列記し、「仮にシューティング（ここでは真剣勝負の意）の試合で使おうと思っても、まず、まったく効果が期待できない摩訶不思議なワザだ。ま、いわゆる〝暗黙の了解〟というやつがないと、なかば永久に極まらない」（原文まま）と平然と書かれていた。

〈もしかしたらこれは、いわゆる暴露本の類いに入る本なのかもしれない〉

なにせつい最近まで絶頂の人気を誇っていた現役レスラーが堂々とそう宣言しているのだから、それは、昨今目にするようなそのテの本とは比較にならない。いや、これを手にした大人には、そこまで大きなものに思えなかったかもしれないが、少なくとも多感な思春期の真っ直中にあった私にとっては、超ド級の核爆弾だった。

「これは、当時の僕がずっと言ってたことですよ。ただ、僕はこれを世には出したくなかったんですよ。これを『本にしたからね』って原稿が上がってきた時に、『やめてください』って言ったの、僕。やるんだったら、も～っとすごいことを書きますよ、僕は」

「これの内容を知らないんですよ。当時、パッと原稿を読んで、『あっ、これはやめましょうよ』って以来、読んでないんですから」

（ともに『パンクラス公式読本―矛ＨＯＫＯ―』より／原文まま）

のちに佐山はこう口にしているが、それでも佐山の著書として出された以上、もし誰かほかに書いた人物がいたとしても、それはあきらかに佐山が書いたものなのだ。

だが、経験から言わせてもらえば、それでも私はアントニオ猪木（新日本プロレス）を観ることを止めなかった。いや、逆により一層のめり込んでいった。なぜならこの当時は新日本プロレス以外に、「殺し」をリング上から感じられるものが、身近に存在しなかったからだ。つまり『ケーフェイ』という核爆弾をものともしない問答無用の求心力が働いていたのである。

むろん、それはいまになって自分が発見したことであり、その当時の私には漠然としてしかその理由が把握できなかった。

ちなみに、『ケーフェイ』から一〇年以上経過した後ではあるものの、ジャイアント馬場の後継者とされていたジャンボ鶴田は、『読売新聞』（一九九六年八月二十一日付の夕刊）紙上にてこういった見解を公にしている（この時点での鶴田は、慶應義塾大学、桐蔭横浜大学の講師だった）。

「プロレスは、純粋な格闘競技の側面とショーの部分に明確な線引きが出来ない限り、学問的にはスポーツとは見なされない。真剣勝負を年に六回ほど設定し、地方巡業はファンへの顔見

せにする方法もある」（原文まま）

「シンクロに芸術点があるように、試合の流れや技などプロセスの美しさを楽しむ考え方だって出来る」（原文まま）

第５章
「殺し」の証明

啓蒙活動

「プロレスは最強の格闘技である」

私に限らず、その同世代に位置する人物であればとくに、アントニオ猪木が掲げた新日本プロレスの理念に酔い、そこから生まれたＵＷＦによる、強さへのあくなき追求に同調してきたはずである。

そしてその「流れ」は、Ｕインター、リングス、藤原組、パンクラスといった、いわゆるＵ系へと進み、ついには『ＰＲＩＤＥ』の誕生をみる。

それは、約五四〇万〜約一五〇万年前に存在したと考えられている、最初期の人類とされるアウストラロピテクスがホモ・サピエンスやホモ・ネアンデルターレンシス（ネアンデルタール人）を経て、現代の人間に進化した過程にも似て、総合格闘技が、いま現在のＭＭＡという体系に至るには、途方もない時間と労力が注がれてきたという証明でもあった。

たしかに大枠（総論）ではその通りだろう。ただし各論で言うなら、私はそれに異を唱えたい。

一九八四年に第一次ＵＷＦが結成された当初、派手に見えるキック攻撃はまだしも、寝技になっての関節技の攻防は地味すぎた。つまり「観る側」からすれば、決して心地のよいものではなかったのだ。

それは一九八〇年代に、いわゆる漫才ブームに突入する前の漫才にも似て、まったくテンポが遅く、緊迫感の乏しい攻防に見えることもしばしばだった。言ってしまえばわかりにくいのだ。いま現在のように、会場内に大型スクリーンが常設されているわけでもなく、ひたすらリング上を観続けなければならない「観る側」にとって、それは決して快適な空間ではなかったのである。

それでも、結果的にはアントニオ猪木へのアンチテーゼとなった第一次ＵＷＦには、それを感じさせる意地のようなものが伝わってきたし、キチンと「観る側」を想定したものとなっていたように思う。

ところが、一九八八年に第二次ＵＷＦが誕生し、「プロレス」を進化させた格闘競技を目指して、プロレス色を削ぎ落とせば落とすほど、その存在が「プロ」ではなく、「アマチュア」の土俵に下りて行った気がしてしかたがなかった。つまり第二次ＵＷＦは、アントニオ猪木の『格闘技世界一決定戦』が、世界の（アマチュアを含む）名だたる強豪を「プロ」のリングに上げ、猪木による「殺し」を突きつけたのとは真逆の発想に思えたのである。

そしてそれは、猪木の手法とは別の部分で、あまりにも「プロ」と呼ぶには地味な運動に思えてしかたがなかった。

ただし、いま思えばそれは、自分のジャイアント馬場に対するスタンス同様、かなり多くの勘違いだったのかもしれない、と思わないわけではない。要は、「木を見て森を見ず」ではないが、細かな点にこだわっていては、大きな野望は達成できないのだろう。

なぜならそれは先にも書いた通り、いわゆる「U」という運動体が、『PRIDE』への道を開いたことは間違いがないからである。

再びお笑いを引き合いに出せば、一九八〇年代の漫才ブームを引き金に、いまやテレビをつければ、どの時間帯でもお笑いタレントが出てくるのにも似て、二〇年以上の歳月をかけて、「観る側」もその見方を学んできた。その部分では、お笑い界とマット界では、「やる側」以上に「観る側」の進化において、非常に似た部分が存在するに違いない。

つまりそれは「観る側」への啓蒙活動がしっかりと時間をかけて行なわれてきた結果である。啓蒙とは人々に正しい知識を与え、合理的な考え方をするように教え導くこと。そうやって「やる側」のレベルとともに、「観る側」のレベルを上げた結果、いま現在のマット界が構築されてきたような気がする。

もちろん、技術書をはじめビデオやDVD、そしていまやインターネットを通じての動画が手軽に観られる環境が、急速にそのレベルを進化させたのだろう。細かなことはともかく、確実にその当時とは比べ物にならないくらい、「観る側」の目が変わってきている。

と同時に弊害もある。

ごまかしがきかなくなったこと。

そして「観る側」に訳知りが増えたこと。それは有益か無益かはともかく、情報だけは無駄に蔓延した二十一世紀のマット界においては、なるべくしてなった姿なのかもしれない。

だが極論をすれば、いまリング上で行なわれていることは、いまリング上で闘っている人間にしかわからないだろう。いや、いま闘っている人間にすらわからないかもしれない。それだけ不可思議な空間こそが、リングという魔物になるに違いない。

「告白タイム」

ごまかしがきかなくなった、という部分について、もう少し補足したい。

たしかに『ＰＲＩＤＥ』に「殺し」は存在したのかもしれない。

「最強」「実戦（顔面あり）」「無差別」という「三種の神器」が揃った時に、はじめて導き出されるリアリティが「殺し」であることはすでに書いた。

とはいえ、この先そういったノールール（ＭＭＡ）のリングにも「殺し」の「流れ」が続いて行くのか、といえば、それは不確定なように思う。ズバリ言えば大きな「？」がつきまとってしまうのが偽らざる印象なのだ。

「必ず勝ちたいと思います」

「絶対に負けたくありません」

双方とも試合前によく聞く発言である。

だが、一見すると「殺し」とは無関係に当たる、似たようなコメントでありながら、双方の深層心理には天と地ほどの差があるように思えてならない。

それをわかりやすく説明するために、ひとつの例をご紹介したい。


ここは男女が自らの好みの異性を求めて集う、いわゆる「ねるとん」形式のお見合いパーティー会場である。いま現在、「フリータイム」の真っ最中。参加者全員が、誰とどんな会話を交わし、どういった展開で相手の心に自分を印象づけるかを狙っている。

そしてパーティーの最後には、一番の「見せ場」である「告白タイム」が待っている。

ふと遠目に観察していると、Aという男性がBという女性を狙って近づいて行った。だが、なかなかうまく話が嚙み合わないらしい。ある時はBの好きなドリンクを用意し、ある時は趣味の話を振ってみたり……。

そうこうするうち、「フリータイム」は終了。

いよいよ「告白タイム」である。

「お願いします！」

当然、ＡはＢに「告白」を試み、右手を差し出す。

固唾を呑んで見守る観衆。

「ご、ごめんなさい……」

そう言って相手に頭を下げられたＡは、差し伸べた手を拒否され、その想いを打ち砕かれる。残念ながら、Ａは見事に玉砕である。

それでも、この「告白タイム」を見ていくと、なかなか面白い光景にブチ当たる。フリータイムでそこまでキチンとうまくいかなくとも、「お友だちから……」と大逆転劇が起こり、手と手を握り合ってカップルが誕生する場合もなくはない。いや、かなりあったりするものだ。

それもこれも、すべては「告白タイム」の成せる業である。というのは、この「告白タイム」では、必ずどちらか（通常は男性）が相手に対して間合いを詰める。詰められた側は、そのまま相手の告白を呑むか、断るか。必然的にどちらかを選ぶことになる。

もし仮に「告白タイム」がなかったとしたらどうなるだろう？　「観る側」からすれば、こんなにフラストレーションの溜まる話はない。

「勝ちたい」と「負けたくない」

さて「勝ちたい」と「負けたくない」である。

「勝ちたい」

この言葉には、「勝利」というプラス（＋）を獲得しに行く、という前向きな姿勢が感じられる。

一方、「負けたくない」はどうかと言うと、「勝ちたい」とはまた違ったニュアンスが感じられるではないか。

「負けたくない」

たしかに言葉の表現からすると、日本人的な謙虚な姿勢は感じられるものの、この言葉を解析するに、「勝ちたい」とは違って、「敗北」というマイナス（－）を避けたい、という決して前向きではない意識が内在しているように思えるのだ。

つまり「負けたくない」はマイナスにならなければいいわけだから、＋－０（プラスマイナスゼロ）であればいいということになる。であればドロー（引き分け）でも可なのだ。だが、ここで言う「ドロー」とは、お互いに時間内では決着がつかず、ジャッジ等の第三者の手に勝敗が委ねられる状況を指す。要するに、自分の意思で勝敗が決まったわけではない、という言い訳ができる（理屈が成り立つ）のが「負けたくない」になる。

この意識は、小さなように見えて、実はとてつもなく大きいような気がする。なぜなら、意識がそうだと、自然と動きが守りに入るからだ。

そこで、先ほど話した「ねるとん」を試合に置き換えてみる。

「試合は生もの」

そんな言葉がある通り、限られた試合時間のなかで、どう相手を倒すかは自由。つまりお互いが「フリータイム」をどう過ごすかを緻密に計算している。

それでも、なかなか噛み合わない。仮にお互いが「負けたくない」場合は最悪である。

結局、そのまま時間切れとなって判定に持ち込まれる。

だが、ジャッジによる判定は「告白タイム」には相当しないのだ。なぜならそれは、第三者によって決められるものだからにほかならない。これでは「見せ場」がないことになる。

もちろん、踏み込んで相手の間合いに入れば、相手からカウンターをもらうことにつながる。それは間違えればＫＯ負けを喫することに直結するのだ。

「ごめんなさい……」

つまりはそう言われてしまうのと同じことになる。誰しもそれはうまく避け、せめて「お友だちから」という言葉を勝ち取りたいに決まっている。

ただし、この言葉がもらえるかは、間合いを詰めて告白してみなければわからない。とはいえ、結果的にどちらも間合いを詰める機会のないまま、試合が膠着《こうちゃく》してしまえば、それは「告白タイム」のない「ねるとん」になってしまうのと同じである。

振り返ると『K－1』は、一九九三年に立ち上がった当初、三分五ラウンドを基本としていた。これがいま現在のように三分三ラウンドになったのは、主催者が「告白タイム」の可能性を少しでも多く増やしたかったからにほかならない。

「三分三ラウンドしかないんだよ。早くお互いの間合いに踏み込んで『告白』して！」

つまりはそういうことなのだ。

通常、スポーツというのは、選手がいて試合があり、観客が集まって「興行」となり、人気が出てきてテレビがつく、という順番を経るが、とくに『K－1』や『DREAM』、『戦極(SRC)』ともなれば、その試合は最初から「興行」の一部であり、地上波のテレビ局で中継されるテレビコンテンツになる。だからこそ、出場する選手の意識がそこまで到達していない場合が出てくるのかもしれない。であるならば、それはしかたがない側面である場合もあるだろう。

それでも、そこをあえて言うなら、たとえテレビでは中継されないMMAの大会や、ボクシングやキックボクシングだろうと、実際は同じなのだ。

「俺は自分のために試合をやっているのであって、ファンのためにやってるんじゃない」

たしかに「やる側」にある選手からすれば、そういう言い分は成り立つだろう。「負けたら、次の試合を組んでもらえなくなる」という深層心理だってあって当然である。

だが、「観る側」の観客から得た入場収入がファイターのギャラ（ファイトマネー）に回っている構造があるかぎり、その理屈は成り立たない。それでも、「やる側」の持つ勝負論と「観る側」の持つ観客論は、常に対立しているのである。

「見せ場」

果たして格闘技は「やる側」による純粋な「競技」なのか？　それとも「観る側」の存在する「プロ」の「興行」なのか？　この問題は永久について回るが、答えは簡単である。そんなものは「プロ」の「興行」に決まっているからだ。だからこそ、いかに「やる側」が勝負論を超えた「観る側」の観客論に踏み込めるか。そこが重要なのである。なぜなら「興行」とは「主催者側」、そしてなにより「やる側（ファイター）」が「観る側」の心理的ニーズに応えることで成立するものだからだ。

その瞬間こそ「見せ場」となる。言い換えれば「見せ場」とは「『殺し』の見せ場」という意味である。

つまり「観る側」にとって「殺し」が観られなければ、そんなものは単なるクソ試合にしか映らない。であるならそれは、ファイトマネーの発生する「プロ」の「興行」でやるべき性質のものではない、となるのは当然である。

そして実を言うと、アントニオ猪木やその「流れ」に沿ったファイターに影響を受けた「やる側」の選手には、自然とそれが理解されていることが多い。なぜならそこには常に、勝負論を超えた観客論に踏み込んだ光景が現出されていたからにほかならない。つまりは刷り込み（インプリンティング）による効果である。

たしかにいま現在、『ＰＲＩＤＥ』は『ＤＲＥＡＭ』『戦極（ＳＲＣ）』をはじめとする総合格闘技のイベントに変貌を遂げたのかもしれないが、その先に待っているものは、いま以上に洗練された競技化である。もちろん、底辺拡大や技術の進化を考えれば、それは当然の道に違いない。

だが、そこに「殺し」が介在する隙があるのかといえば、その保証はどこにもない。いや、もしかしたら無用の長物扱いされかねないのだ。

これまで進化の過程をつぶさに垣間見てきた我々からすれば、その間に存在したはずの「殺し」が、今後は不要になっていくのではないか、といった懸念材料が、常に頭の片隅にチラついてしまうのである。

そうなれば、いくら「最強」「実戦」「無差別」といった「殺し」に不可欠な「三種の神器」が揃おうと、そんなものは一切関係なくなってしまう。

格闘技は純粋な「競技」か？ それとも「プロ」の「興行」か？

その答えは、実は「三種の神器」の前に、ファイター自身の意識と自覚による。つまりは精神論の世界の話なのである。よく言われる「心・技・体」のうち、「心」が一番最初に来る意味はここにある。だからこそ、選ばれし者であるならば、必ず自ら「見せ場」をつくるという崇高な意識と覚悟を持ってリングに上がらなければなるまい。それはオリンピック（五輪）やワールド・ベースボール・クラシック（WBC）による熱狂が表す通り、いわゆるスポーツ（もちろん「興行」を含む）における「試合」とは、常に「観る側」と共有し合うことにこそ価値があるからである。

そして本音を明かせば、私は大して「見せ場」のない試合を観ながら、思わず自分を顧みつつ、心のなかでこう思っている。

〈この選手、きっと女性と食事して、自宅までは送るんだろうけど、絶対に自分から告白《コク》ったり、口説いたりはしないんだろうなぁ……〉

当然、同じ人間が起こす所行である。であるならば「恋愛」も「試合」も同じに決まっているのだ。

躊躇なく

実は二〇〇九年の大みそかに、いわば「殺し」の最新事情といってもいい事件が起こった。さいたまスーパーアリーナで開催された『Dynamite!!』のリング上で行なわれた、『DREAM』×『戦極（SRC）』の対抗戦（全九試合）。結果としてはお互いの意地とライバル意識が強くにじみ出るスリリングなものとなり、四勝四敗で迎えた対抗戦の決着は、『DREAM』のライト級王者である青木真也《あおきしんや》と、『戦極（SRC）』の同階級王者である廣田瑞人《ひろたみずと》の大将戦に委ねられた。この一戦は、対抗戦中、唯一の王者対決として行なわれる試合である。

当初、この一戦を実現するに当たり、両大会がそれぞれに計画していた試合が存在したが、それが突如として降って湧いた『DREAM』×『戦極（SRC）』の対抗戦という予想外の方向に向かうことになる。

まず、試合の九日前に行なわれた対戦カード発表会見で、青木は宣言した。

「本当は、十二月三十一日は僕と川尻《かわじり》（達也《たつや》）選手のタイトルマッチが決まっていて、僕もO

Ｋを出していたし、川尻選手サイドもやってくれると。二人で今年の『ＤＲＥＡＭ』の総決算をしようということになっていたんですけど、こういう形になって、僕の気持ちというか、笹原（圭一イベントプロデューサー）さんやスタッフに泥を塗ったということは凄い許せないことなので、この人たちが『刺しに行け』って言うなら僕は刺しに行きます。大みそかを楽しみにしていてください」

同席した廣田を尻目に、青木はそうコメントしたかと思うと、二日前に行なった会見では静かな闘志を見せつける。

「自分の試合を一二〇％やるだけです。まあ、攻防はしません」

果たして実現した青木×廣田戦において、青木は試合中、廣田の右腕を背中側で折り曲げて自由を奪うと、それでもタップ（参ったの意思表示）をしない廣田の真意を察し、完全にその腕をあらぬ方向に曲げたのだ。しかも、画面上からその際の鈍い音が鮮明に伝わってきたのだから、その衝撃は強烈だった。

「極めた時点でバキバキって鳴ってたんですけど、こいつタップしないなと思って、まあそれが彼の意地だったんでしょうけどね、だから躊躇《ちゅうちょ》なく折りました」

試合後の青木はそう口にしていたが、闘いを終えてからも青木は、なおもノーサイドにすることなく、あろうことか足元に倒れたままの廣田に向かって舌を出し、中指を突き立てたのである。

「試合終わった後に、ちょっと興奮して失礼な態度を取ったことは素直に詫びたいです。本当に興奮する試合でした」

「昨日は試合後にエキサイトしてしまう場面があり、申し訳ないという気持ちを持っています」

青木は連日にわたってそう謝罪し、自らの行き過ぎを認めていたが、つまりは舌を出したのも中指を突き立てたのも「若気の至り」。それは、若さゆえの特権でもある。

とはいえカード変更や、それにまつわる試合前のゴタゴタを含め、鬱積《うっせき》した感情をすべてリング上に持ち込んで結実させた点において、青木は断然「是」だった。

「逆の目にあう」

たしかにその餌食となった廣田が「右上腕骨骨折」に見舞われたことは災難だったが、それでも、青木の見せた「殺し」の意義は大きかったように思う。

当然の話として、廣田の選手生命が断たれるようなことは誰も望んではいないし、これからまたリングに戻ってくることを信じてやまないが、そもそもリングとはそういった危険性がある場所なのだ、ということを関係者はもちろん、「観る側」も含めて「覚悟」しておく必要をあらためて感じさせられた一戦だったことは間違いない。つまり、私が言いたいのは、安易に「殺し」を奨励しているのではなく、それを止めるのはレフェリーやセコンドも含めた第三者であって、ファイター（選手）は断固として「殺し」を追求しなければならない宿命を避けて通ってはいけない、という点である。

そして、実を言うとこの一戦から得られる教訓は、もっと別の部分に存在していることを謙虚に受け止める必要がある。

それはなにかといえば、惜しむらくは『ＤＲＥＡＭ』×『戦極』のような、せっかくの対立構造のある好カードとなり、波紋の広がる試合を組んだにも拘らず、双方の関係者の持っていた熱の高さが、もっと効果的に「観る側」に伝わっていれば、さらなる渦を巻き起こせたに違いない、という点である。この試合に関する一番の改善点を挙げるなら、これに尽きる。

「あれだけ余裕がないなかで、十分『観る側』を巻き込めたよ」

仮の話、当の選手のみならず、関係者がそう思っているのなら、さらなる合格点を上げていく努力を怠ってはならない、と強く言いたい。なぜなら、それだけ双方のバックステージにおける一体感は、近来稀に見るものだったからである。

裏を返せばあの熱が双方の関係者だけでなく、すべての「観る側」に伝わっていれば、と思うと、それは本当に、本当に残念でならない。

もし仮に、もっと「観る側」にそれが十分伝わっていたなら、青木×廣田戦は双方を支持するファンを巻き込んだ結果、どんな試合になろうと、どんな結末になろうと、双方ともに、いまよりもっともっとスターとして、いわゆる使える玉になっていたに違いないからだ。

ちなみに、振り返ると一年前の大みそかに開催された同大会でも、「殺し」を思わせる一戦が行なわれていた。

「闘うフリーター」と呼ばれる所英男と、田村潔司の弟子・中村大介の一戦において、試合中に所の腕を取った中村は、やはり躊躇なく、所の腕を破壊した（右腕の尺骨を骨折）。お互いをファイターとして尊敬し合う両者の一騎討ちは、当日のベストバウトとも呼ばれた、見事なまでに流れるような動きの存在する一戦だった。

「やらなければ自分がやられていたと思います。だから自分は後悔してません」

試合後、中村の口から直接その言葉を聞いた。もちろん、青木と中村の「殺し」の質はまったく違うが、競技化という避けられない波に巻き込まれていく宿命を帯びた「格闘技」の世界において、「躊躇なく」それを実行できるか否かは、重要なポイントなのかもしれない。

ただし、ファイターとしては「是」ではあっても、その先になにがあるのかを想定しているのといないのとでは意味が変わってくる。それを考えるためには、「凄惨」なものとして先に少し触れた、アクラム・ペールワン戦を振り返った、アントニオ猪木のコメントがその指標になる。

「いままで何人か、そうやって腕折ったりしたのはあるんですが、故意に『よしっ』といってやったのは何人もいないです。それでまあ、そのときは、勝った。よかったという興奮はあったけど、それが冷めていくと同時に、いつの日か俺は逆の目にあうことがあるんじゃないかという気持ちが、頭の中でピューッと走ったことがあるんです」（村松友視著『当然、プロレスの味方です』より／原文まま）

「仕掛け」という横軸

そして、先の大みそかに起こった青木の事件を観終えた後、私には、自分の脳裏に蘇ってきた、ひとつの試合があった。

一九九九年十一月二十一日、有明コロシアム。

この日開催された『ＰＲＩＤＥ８』での桜庭和志×ホイラー・グレイシーの一戦がそれである。この試合は、当初の予定では桜庭×ヘンゾ・グレイシー戦がほとんど決定事項に達していたという。

「ところがところが、横からしゃしゃり出てきたのがホイラーである。聞いたところによると、なんでもホイラー側が『どうしてもサクラバと闘いたい。サクラバじゃなきゃヤダヤダ！』とダダをこねていたらしい。どうしてキミはそうもワガママなんだ。ぼくはハッキリいって、ホイラーなんぞとは闘いたくなかった。

ぼくが85キロでホイラーは69キロ。あんなにちっちゃい人とやっても、ぼくが勝つのは当たり前。勝ってオイシイのはホイラーだけで、ぼくは負けたら大損だ。そんな不公平な試合、ぼくのほうが『やだやだ！』」（桜庭和志著『ぼく。』より／原文まま）

それでも最後はホイラー側のゴリ押しで試合が決まり、当日を迎えることになる。そして、ここからがグレイシー一族の本領発揮だった。

「あとは試合当日を待つのみ、である。だが、ホイラーちゃんのワガママぶりが、再び大爆発。なんと、ルールを15分2ラウンドの判定決着なしに変更しろというではないか。

アンタね、PRIDEのルールは10分2ラウンドの判定ありって決まってるんだよ（当時）。そっちのほうから闘いたいっていってきたのに、なんでルールを変更すんのよ。それってちょっと、おかしくないかい？

ルールを変えるというのは、自分たちが有利な方向に持っていくということだ。わざわざ不利になるようにルールを変更するヤツなんていない。

ほんとに呆れるよ、キミたちには。いいよ、いいよ、それでも。相手の土俵で闘って勝てば、だれも文句はいわないでしょう。『キミたちの言動は人として間違ってますよ』ということを体でホイラーちゃんに理解させてあげないとね。ぼくは怒りを通り越して、いつの間にかホイラーの先生になったかのような気分に浸っていた」（『ぼく。』より／原文まま）

とくにその当時、グレイシー一族はルールに関する独自の主張を展開し、対戦相手と主催者を悩ますのがその常套手段だった。だが、それをも一切呑み込んでリングに上がった桜庭は、ものの見事にホイラーの技術をすべて完封。最終的にはアームロック（腕絡み）に持ち込んだ。

「ところが、ホイラーはまったくギブアップしようとはしない。体、柔らかいのね。『ウッ』と声を漏らすくらい痛いんなら、早く諦めてよ。このままだと引き分けになっちゃうよ。ありゃ、残り時間はあと2分？　ヤバイ。そう思ったとき、頭のなかにある案がひらめいた。

『そういえば、レフェリーストップというのがあるな』

ちょうどぼくの目の前には、ジャッジの人が座っていた。僕は技をちょっと緩めて『このまま決めたら折れちゃいますよ』といってみた」（『ぼく。』より／原文まま）

結局、それからしばらくしてレフェリーは試合をストップし、桜庭が勝利。しかもその勝利は「木村政彦以来、四十八年ぶりに日本人がグレイシー一族から勝利した」と騒がれた。

そして、これ以降の桜庭はホイラーに続き、ホイス、ヘンゾ、ハイアンと立て続けに四人のグレイシー一族を連破し続けていくことになるが、その最初の勝利を呼び込んだのは、あの日、桜庭が口にした「折れちゃいますよ」が、その発端だったのである。

折った青木と折らなかった桜庭。その是非や違いをここで論ずるつもりはまったくないが、いずれにせよ、このまま一歩ずつ競技化への道を進むかに思えた「格闘技」でさえ、外的（二次的）要因が伴えば、「殺し」を浮かび上がらせることも不可能ではないのだ。

そして、この二試合に象徴される意義がもうひとつある。

それは、結果的には桜庭にせよ、青木にせよ、諸々の事情が重なったことで、自然と「観る側」の感情移入を呼び起こすプロモーション活動が行なえていた点である。つまり「殺し」を伝達する触媒としての「仕掛け」が前振りとして行き渡っていたのである。

この事実こそ、実を言えば「殺し」と双璧をなすほどに大きな意義を持つ。仮に「殺し」を「縦軸」とするなら、「仕掛け」は「横軸」に相当するもの、と考えることができる。なぜなら「プロ」である以上、そこには「観る側」の存在があるのだから、そこに伝わらない「殺し」では意味がない。いや、ないわけではないが、せっかくの「殺し」の意味が限りなく薄くなってしまう。つまり、その双方が大きければ大きいほど面積が広がり、結果的に「観る側」に伝わりやすいものとなる。そういった側面を、まざまざと垣間見ることのできたのが、先に掲げた二試合だったのである。

凄絶試合製造機

『ＰＲＩＤＥ』に関して言えば、もうひとつ「殺し」を連想させる、お互いに「勝ちたい」を剥き出しにした伝説的な一戦が行なわれている。

二〇〇二年六月二十三日、さいたまスーパーアリーナ。

いまだに語り継がれる歴史的なド突き合いとなった、髙山善廣×ドン・フライ戦がそれである。

当初、この日に行なわれる『ＰＲＩＤＥ21』の売りの一つは、マーク・コールマン×ドン・フライの一戦のはずだった。日本のファンからすると、なかなかピンとこない対戦カードだったかもしれないが、両者とも『ＵＦＣ』で鎬《しのぎ》を削ったこともあり、この一戦は米国のファンから圧倒的なニーズがあった。

ところが、六月になった段階でコールマンが頸椎損傷のアクシデントに見舞われたことが発覚。全米注目の一戦が実現できなくなってしまったのだ。そこで榊原氏はコールマンの代役を検討した結果、急遽、髙山側に連絡を入れる。

結局、そのオファーを髙山は快諾し、髙山×フライ戦が決定。試合の八日前のことだった。

聞けば、この時の高山は、同じ『PRIDE21』に初参戦が決まっていたプロレスリングNOAHに所属する杉浦貴《すぎうらたかし》（ダニエル・グレイシーに判定負け）のスパーリングパートナーを務めていたらしく、くしくも『PRIDE』用の練習に取り組んでいた。それもあって幸いにも準備ができていたのだ。

かくして『PRIDE』史上に残る壮絶な一戦は、様々な偶然の産物が重なった結果、実現することになった対戦カードだった。

ところで、この年は日本と韓国の共同開催となった、四年に一度の『サッカーワールドカップ』（五月三十一日〜六月三〇日）が行なわれていた。それもあってその開催期間中に『PRIDE21』を行なうことへの影響を若干心配していた。が、結果的には二万二五八六人（満員／主催者発表）の観衆が集まり、杞憂に終わった。

だが、メインイベントで行なわれる高山×フライ戦に至るまでの七試合のうち、なんと五試合が判定決着だったこともあり、会場全体にどんよりとした重い空気が流れていた。つまりは「負けたくない」試合ばかりが続いてしまったのである。

「サッカー終われば〝苦〟だけ残る。錯覚！」

この頃、『PRIDE』の名物のひとつだった「猪木劇場」で、PRIDEエグゼクティブプロデューサーの肩書を持っていた猪木さんがリング上から得意のダジャレを飛ばしたが、それでもこの日ばかりはその空気を払拭できなかった。

そんな重い空気のなか、メインの高山×フライ戦を迎えることになる。

そして、ゴングが鳴ると、両者ともにノーガードのまま激しく殴り合いをはじめたのだ。

殴る。

殴る。

殴る。

殴る。

とにかくお互いにひたすら殴り合う。

それだけだった。

『PRIDE』史上最高最大のド突き合いである。とくに高山の顔面は、みるみるうちに腫れ上がっていく。それは観客からしても、まるでこの日の判定続きのうっぷんを晴らすかのようだった。

それを観ながら私は、自分の背筋が震える思いがした。

結局、最後は投げを打った高山を崩したフライが馬乗りになった状態から容赦なくパンチを浴びせ、高山はその強烈なパンチの連打を受け続ける。その姿を観て、思わずレフェリーが試合を止める。

レフェリーストップ。

惜しくも高山は敗れた。

気づけばこの試合を裁いた島田裕二レフェリーの頬にも涙がつたっている。きっとリング上を凝視せざるを得なかった誰もが、自然と自分の胸に込み上げるものを禁じえなかったのではないだろうか。

おそらくプロフェッショナルとしての意識が高い二人は、これまでの会場の空気を敏感に察知していたのだろう。

「俺たちがなんとかしてやる」

お互いに口に出さずとも、同じ意識を共有していたに違いない。このプロ意識に加え、「男たる者、かくあるべし」という男のダンディズムを普段から身にまとい、体現できる心意気がなければ、こんな試合は絶対にできない。

「ワールドカップなんか吹き飛ばすくらいの試合を見せてやろうじゃねぇか！」

世界を意識した両者には、そんな気持ちも手伝ったのだろう。

ちなみにこの後、『ＰＲＩＤＥ』の名物となる「ＰＲＩＤＥ男塾塾長」「やれんのか！」といった言葉が生まれるきっかけになったのもこの試合だという。

そして髙山にとっても、このフライ戦はファイター人生における出世試合となった。

結果的にいま現在、髙山はMMAの試合では一度も「勝利」の二文字を手に入れられてはいないが、髙山の「名勝負製造機」たるきっかけは、この頃に大きく花を開いたような気がする。いや、髙山の場合は「名勝負製造機」というよりも「凄絶試合製造機」と言ったほうが似合っている。

それもこれも髙山がデビューした頃から、それがどんなルールの試合だろうと、「観る側」を常に念頭に置きながら闘う術を学んできたからにほかならない。

「スポーツ」ではなく「ファイト」

いま現在、日本のプロレス界に存在する主要なベルトを、すべて腰に巻いた男として、「帝王」と呼ばれる髙山だが、それは自身の持つ処世術が成せる業であると同時に、髙山が、いつ何時、どんなルールの試合であろうと、そこに「殺し」の片鱗が見え隠れするからにほかならない。

たしかにアントニオ猪木の引退、MMAの出現、暴露本の横行と、いくつかの条件が重なって、「プロレス」(「プロレス」と「格闘技」を分けた場合の「プロレス」)の試合では「殺し」

の存在自体がリング上からは見えにくくなってしまったのは否定をしない。

それは、『私、プロレスの味方です』に出てくる言葉を用いるなら、「『暗黙の了解』を超えた部分を持つ試合が『存在する』と信じるロマンの眼」を持つような、過激な「観る側」を育てていないプロレス界の責任でもある。

たしかに一時期と違って「プロレス」がゴールデンタイムを離れたいまとなっては、「プロレス」に触れる機会に恵まれることが少なくなってしまったが、時折ではあってもその姿が見え隠れしていたのは事実なのだ。

いや、「やる側」からすれば、とくに二メートル級の外国人レスラーに上から叩き落とされれば、それだけで「殺し」の世界の範疇に入るだろう。二〇〇九年六月、三沢光晴が対戦相手のバックドロップによって不慮の事故に見舞われ、無念の死を迎えたことからもわかるように、いくらレスラーのカラダが鍛え上げられているといっても、その破壊力は「やる側」の全身を次第に蝕んでいく。

だが、たとえそこまでの姿が眼前に飛び込んでこようと、それは「やる側」の「受けの凄み」を見せつけられたのであって、それを「観る側」は「殺し」とは感じにくいのである。

近年、プロレス界において最もわかりやすく「殺し」が披露されたのは、合計五回にわたって行なわれた、小川直也《おがわなおや》×橋本真也《はしもとしんや》戦になるだろう。

たしかに一連の一騎討ちにおいて橋本は連敗を喫し、さらには「引退」にまで追い込まれた。これによって「破壊王」と呼ばれた橋本の幻想は、もろくも小川の「殺し」によって崩れ去り、その自尊心はズタズタにされたかもしれない。それでも橋本は、彷徨《さまよ》った末に「引退」を撤回し、見事に復活を遂げると、ZERO－ONEという新団体まで立ち上げた。しかも、因縁の小川と「OH砲」と呼ばれたタッグチームを結成すると、マット界を代表する最強コンビとまで言われるまでに至ったではないか。

あの時の橋本は、その生命力の強さを我々に見せつけながら、新たなる「物語」に進んで行った。それは、髙田延彦が『PRIDE』のリング上でヒクソン・グレイシーに連敗を喫したにも拘らず、それが起爆剤となって『PRIDE』という運動体（ムーブメント）を継続させ、結果的に次なる「物語」を浮かび上がらせたのと酷似していた。言い換えれば、あの時の髙田や橋本の姿こそがプロレスラーの持つべき人間力の強さだったに違いない。

ちなみに小川×橋本戦といえば、物議を醸した両者の一戦（一九九九年一月四日、東京ドーム）は、小川が「プロレス」にあるとされる「暗黙の了解」を超えた、として話題になったが、興味深いのは、あの一戦を映像で観たある格闘技関係者が私に言った言葉だった。

「あれ、俺には、どう見てもガチンコには見えなかったんだよね」

だが、言わせてもらえば、この「ガチンコ」という言葉の意味は、「競技」に置き換えられるのだろう。つまり柔道やカラテの試合のようには見えなかった、という意味ではないかと思う。

だとしたら、その論点はあまりにもズレているのだ。なぜならポイントは、そこに「殺し」があるかどうか。その一点に尽きるからである。

そしてさらに言えば、完全なる「競技」になってしまったら、それこそ終わりなのである。言葉遊びをするつもりはないが、あくまでニュアンスの話として書くなら、それが「プロレス」だろうと「格闘技」だろうと、この世界が「スポーツ」ではなく「ファイト」の範疇にカテゴライズされるものでなければ、絶対に存在する意味がないと思えるからだ。

「一〇〇年に一度の大不況」と言われる昨今、もし仮にマット界が「プロレス」と「格闘技」に分かれていたとしても、決して双方とも安泰な状況ではないことは否定しないだろう。

だが、私は「格闘技」と呼ばれる世界同様、やはり「プロレス」にも「殺し」なくしてその復興は有り得ないのではないかと断言する。少なくとも私の脳髄を揺さぶった「プロレス」は、断じて器械体操の延長にあるものではない。同様に、いくらプロレスラーがリング上においてその頑丈さを披露し、人知を超えた「受けの凄み」を見せつけたとしても、「格闘技」にはない夢のタッグマッチを実現させようと、それだけでは真の意味で「プロレス」の地盤沈下を食い止めることにはつながらないように思う。

いや、とくに「格闘技」に属するＭＭＡのイベントが、そのルールによって拳による「顔面あり」を実現させた結果、自然と「殺し」に近づく可能性を高めたとしたら、「格闘技」に属さないとされた「プロレス」にこそ、「受けの凄み」だけではなく、「格闘技」をも凌駕する「殺し」の存在を本格的に復興させることが必要不可欠であると結論づけたい。

なぜなら「殺し」という永遠不変の確固たる軸があってこそ、初めて「プロレス」の持つ華やかさやド迫力といった本来の魅力が浮き彫りにされるに違いないからである。

あらたなる登山

「プロレス」の地盤沈下を食い止める——実は二〇〇九年、そのためのヒントとなるような大会が開催された。

八月三〇日、両国国技館で行なわれた、武《む》藤《とう》敬司《けいじ》デビュー二十五周年記念大会がそれである。

この日、武藤は船木誠勝とタッグを組み、蝶野《ちょうの》正洋《まさひろ》&鈴木みのる組と闘った。最大の注目は、この試合で約二〇年ぶりに３カウントで勝負を決するプロレスルールに船木が復帰した点。しかも武藤、蝶野、船木は同期に当たり、船木の対戦相手となる鈴木は、船木にとって因縁浅からぬ存在だった。

試合は、船木がロープに走っただけで会場がヒートアップするなか、主役であるはずの武藤より、どうしても船木に視線が集まってしまう。船木とて、試合そっちのけで鈴木とやりあい、その必死さは観る者の心を打ったに違いない。

結局、最後は武藤が、得意のムーンサルトプレスで鈴木を下し、デビュー二十五周年を白星で飾ったが、「四〇歳の新人」となった船木の「プロレス」復帰は、これに花を添えることとなった。

また、当日は髙山善廣、長州力、曙、小橋建太といったプロレス界におけるビッグネームも集結。会場はオールスター戦を思わせる雰囲気に包まれたが、その結果、観衆は超満員札止めとなる一万二八六〇人(主催者発表)を動員することに成功した。

とはいえ、絶対的に大きかったのは、船木が「プロレス」に復帰した、という事実である。

船木といえば、かつては新日本プロレスでデビューした後、前田日明や髙田延彦らの立ち上げた第二次UWFに参加。「最強」を追い求めたその姿勢は、いつしか「格闘技」を牽引するに至り、ヒクソン・グレイシー戦(二〇〇〇年五月二十六日、東京ドーム)には敗れたものの、「四〇〇戦無敗」と呼ばれたヒクソンを、あと一歩まで追いつめた。

もちろん、そこには「殺し」が存在し、結果として船木は引退を決意するに至ったのである。

だが、マット界は船木を必要とした。

引退から六年半、桜庭和志戦（二〇〇七年十二月三十一日、京セラドーム大阪。六分二十五秒、チキンウィングアームロックで船木の敗退）で「格闘技」に復帰した船木は、この日、晴れて「プロレス」に帰還したのである。

その姿は、世界最高峰といわれた山の登頂を果たした登山家が、かつて登り切れなかった別の山の登頂を目指し、再び登山を始めたのと似ている気がするが、問題は船木の持つ「殺し」が、わかりやすく「プロレス」に反映されていくか否か。船木の場合、高山と違って「プロレス」と「格闘技」の双方を行き来する方法論を取ってこなかっただけに、その動向は俄然注目せざるを得ない。

当然のことながら、「プロレス」にそれを受け入れる土壌が存在するからこそ、船木の出番が求められたには違いないが、先にも書いた通り、「格闘技」ではないとされた「プロレス」に「殺し」を持ち込み、それを周囲に、そして過激な「観る側」を育てていないプロレス界に理解させることは容易ではない。

とはいえ、船木の「殺し」を活かしきることが、次なる「殺し」を呼び込む可能性を高めるのは明白。つまり、船木の「殺し」を活かしきることが、すなわち「プロレス」の復興へとつながる道の幅を左右する気がしてならない。

繰り返すが、それが「格闘技」だろうと「プロレス」だろうと、リング上に「殺し」を立ち上らせるしか、そのリアリティを導き出す方法はないのだから。

「殺し」の教育

「アントニオ猪木のプロレスには『殺し』がある」

「I編集長」はなぜ「アントニオ猪木の」と限定したのか。

結論づけてしまえば、それはアントニオ猪木の理念である「プロレスと格闘技は同じものである」に行き着くと思うのだ。

そしていま現在、「格闘技」と呼ばれるものをMMAの試合とするなら、猪木の発言は「プロレスとMMAは同じものである」となる。もちろん、お互いのルールが違うのだから、同じなわけはないが、アントニオ猪木が言いたいのは、「結局は『闘い(ケンカ)』なんだよ。だからそういう意識を忘れるなよ」という意味なのだ。つまりは、精神論である。

かつてこんな話を聞いたことがある。

「一流のプロレスラーは、相手に怪我をさせない」

たしかにこの言葉は間違ってはいないが、これは「故意に」という文字が抜けているのだ。

なぜかといえば、「相手に怪我をさせない」という意識が強ければ強いほど、思い切った攻撃は出せなくなるからである。

ただし、それがどんなルールであれ、意識として「実戦＝ケンカ」にあるならば、相手のどこまで踏み込んで、かつ「プロ」としてどこまで「観る側」を想定した試合をすればいいのかが、自然と肌で把握できるのではないだろうか。

振り返ればアントニオ猪木は、プロ入り（プロレス入り）前にはさしたる格闘技の経験がなかった。つまり根っからの叩き上げなのだ。それは髙田延彦や船木誠勝、髙山善廣もそうだったが、かえってそういった経験値を持たずにプロ入りしたほうが、「プロ」とはなにか、といった部分に気づきやすいのかもしれない。なぜならプロ入りしてからの技術しか持ち得ていないのだから、最終的にはそこを拠り所にするしかないからだ。であれば、自然と「プロ」としてなにを成すべきか、といった皮膚感覚で学んだ世界を表現することになる。

つまりはそれこそが「殺し」につながるに違いない。

そして「プロ」の表現者として考えると、「格闘技」が「プロレス」に学ぶことはまだまだ山ほどある（とくにゴールデンタイムで中継されていた頃の「プロレス」は、表現者にとっては学ぶべき〝宝の山〟と言ってもいいだろう）。もちろん、その逆もまた然りだが、露出という点において、一部の「格闘技」が「プロレス」を上回っている以上、「殺し」の研鑽と並列して学ぶべきは、「仕掛け」という試合に向けたプロモーション（煽り）の仕方だろう。つまりは、先に例として挙げた「横軸」を指す。これに関しては、あのモハメッド・アリでさえ、「プロレス」から相手への挑発の仕方を学んだと言われているのだから、ほかのファイターは言わずもがな、ではないか。なぜなら、この「仕掛け」こそが「殺し」という「縦軸」を引き出す触媒に相当することは、すでに述べた通りである。

「頑張ります」

最近は関係者の奮闘もあって少なくはなってきたが、仮にそれしか言えないような「やる側（選手）」がいたとしたら、そんな輩に対して、リングに上がる資格を与えるのはいかがなものか。なぜなら、それでどうやって「伝える側」はその試合を煽ればいいのか、「観る側」はどうやって感情移入すればいいのか、となるのは当然だからだ。

とはいえ、リング上での「殺し」とそこに至る「仕掛け」を表現できるか否かは、繰り返しになるが、まずは「やる側」の意識改革しかない。

では、意識改革を呼び込むにはどうすればいいのか？

それは、いかに常日頃からそれに即した鍛錬ができているか。そこに尽きるだろう。それはどんなジャンルに限らず、人前でなにかを表現する者であれば、その意識こそが本番に表れるからだ。

つまり、それが「プロレス」だろうと「格闘技」だろうと、リングに上がる資格を持つ者ならば、いかに日頃から「殺し」という「縦軸」を磨く鍛錬（練習）を積み、どれだけ試合に向けた「仕掛け」という「横軸」をイメージできるか。その部分が非常に重要になる。

そして、仮にリング上だけの話で言えば、そこは、普段の練習の半分も表現できれば御の字。つまり、「殺し」をリング上で表現するには、普段の練習においてその何倍もの「殺し」を経験しているかが鍵となる。いや、リングに上がる前の「仕掛け」だって過去の資料を調べる努力を含めた、普段からの心がけ次第になる。

というのも、しょせんは普段の積み重ねの成果しか、自信にはつながらないからだ。であれば、リングに上がる表現者であればこそ、いかにリングに上がる前の準備を想定し、自身の「仕掛け」を披露できるか、そして、その練習において「殺し」を磨いているか否か。それはおのずとリング上においては自信となって自然と表現されることにつながるからだ。

ただし、「仕掛け」はあくまで触媒であって、「殺し」の大きさに左右されるのだから、優先されるのは、やはり「殺し」なのである。

「プロレスと格闘技は同じものである」

その意識を持った「主催者側」兼「やる側」のアントニオ猪木に、「伝える側」にいた希有な存在である「I編集長」は目をつけ、猪木と「I編集長」双方の表現に触発された、過激な「観る側」は、それを凝視し続けてきた。

「プロレスを八百長と言うなら言え。だけど、アントニオ猪木だけは違うね」

とくに私が思春期の頃、そんな過激な「観る側」の言動を耳にしたのは一度や二度ではなかった。それは一にも二にも、アントニオ猪木の持つ「殺し」とその触媒となる「仕掛け」に魅了されてしまったからにほかならない。

「アントニオ猪木のプロレスには『殺し』がある」

たしかに「I編集長」はしつこいほどそう言い続け、その後、天寿をまっとうされたが、いま我々が最初にしなければならないことは、まずは「殺し」をアントニオ猪木一代のものにしないこと。これに尽きる。

そのためには「プロレス」だろうと「格闘技」だろうと、マット界に関わる関係者全員が一丸となって、まずは「殺し」を継承するための努力を惜しまずに邁進すべきなのである。

言い換えるなら、たとえこの世界に、厳しすぎる「冬の時代」がやってこようと、キチンと「殺し」が継承されていきさえすれば、今後もその本質を見失うことはない。そうなれば、必ずや冬は過ぎ去り、いつしか満開の桜を咲かすことになるのだと断言する。

「お疲れ様でございます」

どの世界でもそうだろうが、矢面に立つ人物には、必ずそれを支える人物がいるものだ。それは人間社会が一人で成り立ってはいかないように、人は必ず多くの人たちに支えられて生きている。

だが、マット界の場合、「支える」という言葉よりも「仕掛ける」という言い方のほうがしっくりくる場合が多いような気がする。

そして実は、リング上の闘い以上に、その舞台裏では、そういった「殺し」の「仕掛け人」による闘いが繰り広げられている――。

一時期の『PRIDE』には、常にリングサイドにアポロキャップをかぶっていた人物がいた。それは「『PRIDE』の怪人」とも呼ばれていた、作家の百瀬《ももせ》博教《ひろみち》氏だった。

まずは本章のトビラに使用した写真を見てもらいたい。

桜庭和志、松井《まつい》大二郎《だいじろう》、吉田秀彦、佐竹《さたけ》雅昭《まさあき》、アントニオ猪木、髙田延彦、森下《もりした》直人《なおと》社長（二〇〇三年初頭までの『PRIDE』主催者）、田村潔司、ゲーリー・グッドリッジ……、まさにマット界における錚々《そうそう》たる面々が並んでいる。ここには写っていないが、記憶を手繰れば、これ以外にも髙山善廣、エメリヤーエンコ・ヒョードル、ミルコ・クロコップ、アントニオ・ホドリゴ・ノゲイラ、ヴァンダレイ・シウバ、マーク・コールマン、ドン・フライといった『ＰＲＩＤＥ』を沸かせたファイターも、このリング上にいたのではないか。つまりは『ＰＲＩＤＥ』オールスターズ勢揃い、といったところだが、ここにはあぐらをかいてドッかと座り込み、両手を上げてガッツポーズを取る百瀬氏が写っている（隣りは和田良覚《わだりょうがく》レフェリー）。

この写真は、髙田延彦の引退試合（二〇〇二年十一月二十四日、東京ドーム）が行なわれた東京ドームでのもの。

とはいえファイターでもセコンドでもレフェリーでも主催者でもない人物がリングに上がり込み、こうした姿を披露できるなんて、いま思えばまさに神懸かり的だが、それを唯一可能にしていたのが百瀬氏だったのである。

そんな百瀬氏と私が初めて出会ったのは、たしか髙田延彦の取材をした時の流れだったと記憶している。百瀬氏が正式に『ＰＲＩＤＥ』に関わったのは、ＫＲＳ体制からＤＳＥに変わった『ＰＲＩＤＥ５』（一九九九年四月二十九日、名古屋レインボーホール）からだと把握しているが、その頃は二度目の髙田×ヒクソン戦（一九九八年一〇月十一日、東京ドーム。一ラウンド九分三〇秒、腕ひしぎ十字固めで髙田の負け）の流れもあって、私はよく髙田を追いかけていた。その際、取材場所となった都内の中華料理店で髙田の話を聞いていると、そこに百瀬氏が現れ、同じ席に座ったのだ。私はその時、百瀬氏がどういう人物なのか、まったく知らなかった。

のちに百瀬氏が「戦後最高最良の不良」と呼ばれ、過去に拳銃不法所持で下獄されていることを知った。聞けば、その拳銃の数は一丁、二丁といった数ではなく、五〇〇丁だったとか。それではまるで一個師団ではないか。

たしかにパッと見ただけで、その強烈な存在感に圧倒されそうにはなったものの、決して威圧的ではなく、むしろその存在感からすれば、温かみのある雰囲気が感じられる。そのギャップに安心したのか、私はまずは御挨拶を申し上げた。

「お疲れ様でございます」

きっと私と同年代の人間なら誰しもそうだろうが、仮にそれが誰であっても、自分より一日でも早く生まれた方は敬わないといけない。それが純日本的教育というものだ。

「君、これは俺のぶんだけど召し上がれ」

しばらくすると、百瀬氏はそう言って、私に料理を取り分けたお皿を渡してくれた。その「召し上がれ」という言葉の響きに驚いた私は、率直に思った。

〈凄く上品な言葉を使う方だな〉

それが百瀬氏に対する私の第一印象だった。

それから百瀬氏とは徐々に親しくなっていく過程で、事ある毎に「きれいな言葉を使わないとダメだぞ」と教えられた。

この頃、私は谷川貞治氏（現Ｋ－１イベントプロデューサー）が編集長、その知恵袋である柳沢忠之氏が発行人を務めていた『ＳＲＳ・ＤＸ』という格闘技専門誌に関わっていたが、（二〇〇二年までの）『ＰＲＩＤＥ』は、これに東海テレビ事業（当時）の榊原信行氏を加えた三人によって、叩き台となるマッチメイク案が検討されていた。いや、榊原氏という依頼人（クライアント）がいたからこそ、谷川＆柳沢両氏の役割が生まれた、というのが正確な事実に違いない。

そこで私はというと、そうした取材を巡る業務のなかで百瀬氏と接する機会が増えていき、百瀬氏や猪木さんの周りでなにかあると呼び出しがかかるようになっていった。要は百瀬＆猪木両氏のお付きといってはおこがましいが、それに近いようなことをさせてもらった時期があり、本当に可愛がっていただいた。

「Ｓｈｏｗ、いまからアントンに会いに行くから一緒に行こう」

百瀬氏からお付きの方を通じて電話をいただき、私が運転手代わりとなってクルマを出してアントニオ猪木に会いに行く。一時期はそんな生活をほぼ毎日やっていたのだ。

猪木&百瀬の最強タッグ

そもそも百瀬氏はマット界の住人ではない。だから、『PRIDE』の重要な役割を果たしているといっても、基本的なこと以外はよくわかっていなかったように思う。いや、だからこそかえってそれが妙な業界の慣習に囚われることのない成果を生み出したのだ。まさに猪木&百瀬の最強タッグは、いつのまにか業界の根幹を揺るがす存在になっていた。

だが、近くで見ている限り、猪木さんも百瀬氏も、周囲には格闘技の仕事をやっているようにはまったく感じさせなかった。強いて言えば、そう、真剣に遊んでいたような。

例えば百瀬氏が猪木さんと会って食事をする。その際にはもちろん、肝心な話もしていたのだろうが、それは百瀬氏からすれば、ものの五分もあれば済んでしまったに違いない。つまり仕事はキチンとしていたが、あとは大勢で二〜三時間ワイワイとやる。それでも、実はその五分以外の時間が人間関係には非常に大事だったりするものだ。

裏を返せば、その五分を手に入れるために、百瀬氏は猪木さんとの様々な時間を共有していたのだろう。

例えば、それが猪木さんと一緒に某デパートの入り口の前にあるライオン像にまたがって写真を撮ることだったり、一緒にカラオケを歌うことだったり。

「こんな感じのことを百瀬さんから猪木さんに伝えてもらうから、Ｓｈｏｗも頭の中で把握しとけよ」

よく柳沢氏や谷川氏からそう言われていたことを覚えている。

ちなみに、谷川氏は石井館長の相談相手として様々なことを話す人だった。だから『Ｋ－１』だけをやっているなら、もしかしたら谷川氏だけで事足りていたのかもしれない。

だが、とくに二〇〇一年からは『ＰＲＩＤＥ』や『Ｋ－１』を集約し、今度は地上波のテレビ局（ＴＢＳ）で『ＩＮＯＫＩ ＢＯＭ－ＢＡ－ＹＥ（猪木祭り）２００１』をやろうとした時には、百瀬氏から猪木さんに話をして、業界をみんなで盛り上げていこう、ということになる。

なぜそれが百瀬氏の役割になったかといえば、それはこういうことではないだろうか。

あの頃の百瀬氏は『ＰＲＩＤＥ』において、簡単に言えば猪木さんの首に縄をつけていた人だった。実に簡単に書いてしまったが、これがいかに大変なことかは、一度でも猪木さんに関わった人ならばわかってもらえるような気がする。

本来、アントニオ猪木は天性の自由人。とはいえ、聞く耳は十分持っている人だと私は思うが、それでも誰の指図も受けない。猪木さんにはそんな雰囲気と凄みがある。

「業界を盛り上げていこう」

仮に誰かがそう思っても、猪木さんにはこの世界で最も長くトップでいた自負があり、なにより他の追随を許さない実績がある。つまり、それを盾にされては、誰も猪木さんにモノが言えなくなってしまう。

それがわかっているから、猪木さんはこう言ってきたに違いない。

「俺の首を掻き切ってみろ！」

「力で示せよ、力で！」

このド迫力は、誰にも太刀打ちできない永遠の素晴らしさとすさまじさがある。

「俺を踊らせてくれる人」

そこで百瀬氏の登場である。

先にも書いた通り、百瀬氏はこの世界の住人ではない。そして猪木さんよりいくつか年齢は上で、なぜか両者ともに二月二〇日生まれ。血液型も双方、日本人には少ないAB型だという。

しかも百瀬氏は猪木さんとはまた違った強烈な存在感を持ち、その体格は、猪木さんに負けず劣らず、キラリと光る眼光の鋭さを隠しながら、普段は柔和なその瞳で「アントン、アントン」と気さくに話しかける。

そしてなにより、口さがない輩には、『Ｋ－１』の二番煎じ的な側面で語られがちだった『ＰＲＩＤＥ』と猪木さんの両者を百瀬氏が間に立ってドッキングさせたことで、結果的には『ＰＲＩＤＥ』のみならず、アントニオ猪木の求心力を取り戻すことに多大なる貢献を果たした。実はこれが猪木さんにとって最も百瀬氏を信用させることにつながったのだと思って間違いはないだろう。

もちろん猪木さんが、その弟子である藤田和之や石澤常光といった猪木色を持つファイターと話をつけられる距離にいて、そのルートから『ＰＲＩＤＥ』に送り込まれていた事実が、両者の軸になっていたことは当然だが、そういった背景があったればこそ、百瀬氏から「アントン頼むよ」と言ったほうが、話がスムーズに進むということだったのではないだろうか。

そして想像するに、おそらく猪木さんは、『ＰＲＩＤＥ』から支払われる報酬を超えて『ＰＲＩＤＥ』や百瀬さんと関わることを面白がっていたこと。要は目先のカネではなく、その先にあるものを重要視したからこそ、結果的にはあれだけの『ＰＲＩＤＥ』の熱と、猪木さんへの求心力が生まれたに違いない。

「猪木の首に縄をつけた人」

先にも書いた通り、百瀬氏を評するとそうなるが、では猪木さんにとって百瀬氏はなんだったのかと言えばこれしかない。

「俺を踊らせてくれる人」

実際、猪木さんはこう言っていたことがある。

「よくも悪くも百瀬さんは俺を踊らせてくれた。誰か俺を踊らせてくれるような人はいないのかよ」

振り返れば猪木さんには、全盛期には新間寿氏が、現役末期には永島勝司《ながしまかつじ》氏という、いわゆる「仕掛け人」と呼ばれる人たちがいて、猪木さんを「踊らせて」いた。つまり猪木さんは、常に自分を守り立てる存在が必要なのだ。

「言葉の勲章」

その点、百瀬氏の猪木さんへの守り立て方は超一流だった。それはおそらく百瀬氏が、「言葉の勲章」の使い方が絶品だった、という点が大きいように思う。

私事になるが、私は子どもの頃、本当によく親父（「おとう」と呼んでいた）に引っ叩かれた。いわば人生における「殺し」の洗礼は、「おとう」から受けたのだ。もちろんいつの世も、口うるさく言うのはお袋（「おかあ」と呼んでいた）の「役割」のような気がするが、圧倒的に怖いのは「おとう」だった。それだけ「おとう」は、いつ何時、怖い存在として家庭のなかでひと際そのオーラを発していたのである。それは「威厳」と呼ぶほど耳障りのいいものではなかったが、その奥底に見え隠れする弱さも含め、男としてなぜか、自然と理解できるものだった（ちなみに実弟によると、「おとう」には叩かれたことはなく、私がその「役割」を担っていたという）。

そして学校で先生に叩かれると「ありがとうございます」と、「おとう」も「おかあ」も先生に感謝をしていた。私だって一度も叩いた先生を憎らしいと思ったことはない。逆に回りくどくネチネチ言われるよりも、そっちのほうが問答無用で、かえって身に染みたような気がする。

話を元に戻そう。

例えば、誰かがもの凄くいい仕事をした時、「いい仕事したね」と言ってくれる人もいれば、「ご苦労さん」すら言わない人がいたりする。

そんな時、百瀬氏は必ずと言っていいくらいにこう言ってくれた。

「おまえ最高だな、凄いな」

そうやって、これ以上ないくらいの「言葉の勲章」で褒め讃えてくれるのだ。当然、言われたほうは気持ちがよくなる。

〈こんなに言ってもらえるなら、次も頑張ろう〉

そう思うのが人間である。実際、百瀬氏の周りには、百瀬氏のために命を張ろうという人が何人もいたが、それも少しだけ理解できる気がしていた。

百瀬氏が人を絶妙に褒めるのに対し、猪木さんは人を褒めるのがあまり上手ではない。

おそらく「そこはこうしたらもっと面白い」と、褒める前に自分が実践してしまうのだろう。そもそも「ホウキでも名勝負ができる」とまで言われた、稀代の超天才なのだ。それが後継者不在や、二〇〇一年の大みそかにさいたまスーパーアリーナで開催された『猪木祭り』においては、なかなか「猪木軍」のメンバーが集まらなかったことにつながっていたのかもしれない。

なにしろ二〇〇一年の『猪木祭り』は、「猪木軍×K-1最強軍」という触れ込みだったにも拘らず、「猪木軍」は、大将だった藤田和之が師走に入った段階で怪我のため欠場。いったい大みそかはどうなるのかと心底慌てふためいていた。それでも、唯一期待された人物だった「猪木軍」のもう一人のエース・小川直也も調整できない。あの時は本当に猪木―小川の師弟関係とはなんなのか。疑いたくなったのが本音だった。

最終的には猪木さんの不肖の弟子・安田忠夫がトリを務め、「K-1の番長」と呼ばれたジェロム・レ・バンナから、まさかの大金星を収めて大団円を迎えたが、半年前から安田の担当として動いていた私にとって、あの時のドタバタ劇は、本当に命の縮む思いだった。

ちなみに、映像を見れば確認できるが、あの時、安田がバンナに勝った直後、リング上に安田の愛娘を入れる役目を果たさなければならなかったのは私だった。中学生の子どもをドサクサ紛れにあれだけの場に晒してよかったのか。実際、年が明けると問題にもなった。

そして、もし安田が調整できなかったらどうなっていたのか。そう思うと私は、谷川氏や柳沢氏の指示で動くことを受け入れられず、年が明けるとそのまま榊原氏預かりのような格好になった。もう一〇年近く前の話である。もちろん、私にも至らなかった点は多々あったに違いないが、言い換えればそれは、誰もが、自分の思い描くものと、実際に動かせる権限のギャップを埋めようと必死だったということでもある。

「やってみせ、言って聞かせて、させてみて、褒めてやらねば人は動かじ」

これは、かつての大日本帝国・山本五十六元帥海軍大将のものとされる言葉だが、この言葉には、他人を説得し、行動させるための エッセンスが凝縮されているように思う。まさにそんな気がする。

勢い――。

再び話を元に戻そう。

また、百瀬氏自身はアントニオ猪木というスターをプロデュースするのが大好きだった。

「アントン、アントン！」

百瀬氏はいつも猪木さんをそう呼んで、仲良くしていた。ある時は『猪木詩集』の出版記念パーティーを催し、そしてある時は、両者による合同誕生会をやったり。

〈この二人の縁はどうやったら切れるんだろう〉

傍目には、そう思えるくらいの間柄だった。

「俺はよく『非常識』って言うけど、『非常識』っていうのは度を越すと素晴らしくなるんだよね。だから多少の『非常識』じゃダメだね。百瀬さんは本当は内面はシャイだけど、ま、それを逆に言えば、人生を裏返して、自分の弱点とか長所をまったく違うカタチで表現をしているると思うんだよね。みんなが恥ずかしがったり、もっと言えばすぐ計算をするけど、そこを計算じゃなくて感受性の世界で考えないと話が合わないんですね。でないと『それがいくらになるの？　これは儲かるの？』っていう話だとなにも進んでいかないじゃないですか。そこを『面白いね』って場所からはじめられるかどうか。俺も百瀬さんの手の上で、いや、指ぐらいの上で踊らせてもらっているから。なかなか指の間からこぼれないようにしないといけないけどね、ンムフフフ」

猪木さんは百瀬氏をそう評していたが、両者の関係は「親友」、いや「悪友」と言ったほうが近いだろうか。前にも触れたが、二人が会っているといつも遊んでいる感じがした。見方によっては、とてもとても還暦の大人とは思えなかったが、自分がこの年齢になったら、こうやって生きていたいな、と思わせる手本のようでもあった。

しかも、結果的に二人は大きな仕事を手がけていたが、それはすべてを煮詰めた上での成果という感じではなかった。おそらく二人に限らず、業界全体もそういうノリのなかでの盛り上がり、それが『ＰＲＩＤＥ』や『猪木祭り』につながっていった。

勢い――。

すべてはこれに尽きた気がする。

「『ＰＲＩＤＥ』の怪人」

百瀬氏は一時期、そう呼ばれていたが、その勢いを運んできたのは気まぐれな時代の気分だったに違いない。だが、もしかしたらその気まぐれは怪人が連れてきたのかもしれないのだ。

そう、一時期の『ＰＲＩＤＥ』は、確実に怪人とともにあった――。

国立競技場秘話

百瀬氏と猪木さんに関しては、ひとつ忘れられない話がある。

あれは二〇〇二年の夏に国立競技場で開催された、一夜限りのビッグイベント『Ｄｙｎａｍｉｔｅ！』でのこと。

「一〇万人・格闘のミサ」

実況を担当した古舘伊知郎氏はそう表現していたが、この『Ｄｙｎａｍｉｔｅ！』は、二〇〇一年の大みそかに開催された『猪木祭り』に続く、ＴＢＳの中継によるビッグイベントの第二弾であり、猪木さんは三〇〇〇メートルの上空に飛来したヘリコプターからスカイダイビングを敢行し、国立競技場に降り立つことになっていた。

私の知る限り、猪木さんは『Ｄｙｎａｍｉｔｅ！』を開催することに決して賛成してはいなかった。たしかにＴＢＳで中継されることを考えても、『猪木祭り』の「流れ」を引き継ぐイベントだったかもしれない。だが、簡単に言えば『猪木祭り』は自分の名前を冠したイベントだからこそ、猪木さんも協力を惜しまなかったのだ。

ところが、あくまで『Ｄｙｎａｍｉｔｅ！』は『Ｋ－１』と『ＰＲＩＤＥ』が協力して開催されるイベントであり、猪木さんには直接的な関係はない。それでも猪木さんは『ＰＲＩＤＥ』のエグゼクティブ・プロデューサーの肩書を持っていたのだから、見て見ぬフリはしなかっただろうが、独自のスタンスを感じていたに違いない。

「あれは『Ｋ－１』のイベントじゃないのか？」

おそらくそう思っていたフシがある。

もちろん、猪木さん的には石井館長の功績はこれ以上ないほどに認めつつも、だからこそ譲れない一線があったに違いない。

結局、そういった猪木さんの思惑を察して、どうにかそこを百瀬氏がまとめたことにはなったが、猪木さんはどこかスッキリしない心境のまま、当日を迎えていたのかもしれない。

大会当日、国立競技場では、まず柔道の木村政彦とも死闘を演じた経験を持つエリオ・グレイシーと猪木さんの両者により、炬火台への点火が行なわれた。それが終わると、すぐに猪木さんはスカイダイビングの準備のため、千葉・浦安にあるヘリポートへ移動しなければならない。

「百瀬さん、行って参ります」

「おう、アントンをよろしく頼むぞ」

百瀬氏にそう挨拶した私は、猪木さんに同行し、浦安のヘリポートへと向かう準備をはじめた。

実を言うと当初の予定では、これから生涯初のスカイダイビングに向かう猪木さんの様子をＴＢＳのカメラクルーが密着して追うはずだった。

ところが、指定した時間になってもカメラクルーが現れない。おそらく国立競技場が格闘技界初となる会場でもあるせいか、すべての面で勝手が違うからだろう。なにせその導線はひとつ間違うと、競技場のどこに出るのかまったくわからなくなってしまうからだ。そのため、こちらが一刻を争いながらへリポートに向かわなければならない状況を考えると、いつまでも待っているわけにはいかず、やむなくクルマを出発させることになった。

しかもこの時、クルマにはヘリポートへの道を知る、主催者側かTBSの用意した専属の運転手がいるだけで、猪木さんには誰もついていかない。つまり、その役は私に一任されてしまったのだ。要はこの時、私は完全な猪木番だった。

〈いや、それだけ信頼してくれるのはありがたいけど、果たしてそれでいいのかな……?〉

そんな疑問も若干抱きつつ、猪木周りの方々の「らしさ」には、思わず苦笑せざるを得なかった。

「形見に取っといて」

それでも、まもなく猪木さんは三〇〇〇メートルの上空からスカイダイビングをすることになる。過去に何度か飛んだことがあるならまだしも、それが初めてとなれば、いくら猪木さんといえども緊張するに違いない。そんな状況が手伝ったのか、猪木さんは車内で、こんなニュアンスのことをつぶやいた。

「俺はこの『Ｄｙｎａｍｉｔｅ！』というイベントに、どこまで協力していいのかわからない」

なんと飛ぶ直前になっても、猪木さんはまだ複雑な胸中のままでいたのだ。

そしてこうも言っていた。

「でも百瀬さんが、俺にどうしてもやってくれって言ったから、俺は今日、百瀬さんのために飛ぶから」

時間的には一時間半か二時間か、猪木さんと私は浦安のヘリポートに着くまでにいろいろな話を交わしたように思うが、もう詳しくは思い出せない。いま考えても、妙な空間だった。

ようやく現地に着くと、しばらく待ち時間があった。ＴＢＳのカメラクルーが、猪木さんにコメントを求める。そんななか、榊原氏から私の携帯電話に連絡が入った。

「いま、ドン・フライがジェロム・レ・バンナにＫＯされたけど、素晴らしい負けっぷりだったよ。あれはドン・フライだからこそ、凄い試合になった。猪木会長のおかげだよ」

先にも書いた通り、ドン・フライはアントニオ猪木の引退試合の相手を務めた男であり、そのファイトスタイルは、日本人のニーズを熟知したアグレッシブな展開を見せる。それは長らく猪木さんと行動してきたことで培われたノウハウだった。そして推測するに、この時、バンナの相手を務められるファイターがいなかったのだろう。おそらく周囲はバンナにＭＭＡの試合をさせたかったのかもしれないが、バンナは得意のＫ－１ルールしかやりたくなかったに違いない。それでも受ける相手を探していた矢先、猪木さんの推薦もあって、不利なＫ－１ルールにも拘らず、ドン・フライは悠然と引き受けたのだと思う。

早速、私は榊原氏の話を猪木さんに告げた。

「わかりました」

そう言いながら、猪木さんの顔はとても満足そうだった。

そして刻一刻とその時は近づいてきたが、猪木さんにはその前にやることがあった。

「もし自分が死んでも、一切異議申し立てません」

そんな誓約書にサインをしなければならなかったのだ。本来であれば、そんなものは猪木さんに見せず、事務所の人間が書いてしまうものかもしれないが、ここにはその人間がいないのだ。なぜなら、これから飛ぶ直前にそんなものを書かされるのは、万が一はないと知っていても、やはり気分のいいものではないだろう。

「それを聞いて、俺は思わず笑っちゃったね。一筆を書かされたんだもんな。きっと猪木は俺のことを怒ってたと思うね」

百瀬氏はそう言っていたが、この時の真意は誰にもわからない。それでも猪木さんはすんなりとサインをした、ように、少なくとも私にはそう見えた。

一説によると、このスカイダイビングには一〇億円ともいわれる生命保険がかけられていたという。

そして、いよいよスカイダイビングの準備に入る。

すると、猪木さんがおもむろに口を開いた。

「腕時計はしてないほうがいいんですか？」

「してないほうがいいですね」

係の方からその言葉を聞いた猪木さんは、ゆっくりと腕時計をハズし、半分ジョーク交じりに私に向かってこう告げた。

「じゃ、これ形見に取っといて」

こっちも思わず「大丈夫ですよ」と笑ったが、もちろん、形見になるなんてこれっぽっちも思ってはいない。もしなったら、それこそ大変なことになる。

結局、猪木さんがヘリコプターに乗るところを見届けると、私はすぐに乗ってきたクルマで国立競技場へと来た道を戻って行った。

「もう少しで猪木が天から降ってくる！」

国立競技場に到着すると、場内はそんな雰囲気だった。それから十五分ほど経っただろうか。

しばらくすると、スカイダイバーに抱えられた猪木さんの姿がサーチライトに照らし出された。会場は騒然となった。

〝ヘリ下って〟

「バカ野郎ーッ！　俺は怒ってるぞーッ！」

猪木さんは地上に降り立つと、そのままリングへと向かい、マイクを持って第一声を発した。それがスカイダイビングそのものに対してなのか、誓約書を書かなければならなかったことに対してそう言ったのか、それとも『Ｄｙｎａｍｉｔｅ！』に対してなのか。なにに対して怒っていたのかは定かではない。

「あらためて。元気ですかーッ！　元気があればなんでもできる。元気があれば根気が続き、根気が続けば自信が湧いて、勇気が湧いてくる」

そして猪木さんはこう続けた。

「一歩踏み出す勇気で、今日はこの国立競技場『ＰＲＩＤＥ』のリングに〝ヘリ下って〟きました」

猪木さんは得意のダジャレを交えてそう言った。いつ何時でもダジャレを忘れないのはさすがだった。だがこの時、猪木さんは「『Ｄｙｎａｍｉｔｅ！』のリング」ではなく「『ＰＲＩＤＥ』のリング」と口にした。これは、単に言い間違えた、という見方もあるが、それを言うなら故意に言った、というほうが近い。いや、無意識に出たというのが真相だろう。

「『Ｄｙｎａｍｉｔｅ！』に協力してるわけじゃない。俺は『ＰＲＩＤＥ』のリング、つまり百瀬さんのリングに協力したんだ」

どこまでの確率かはわからないが、少なからずそんな思いを持っていたのは間違いない。

猪木さんの挨拶を続けよう。

「最高でした。東京の夜空はきれいだった。そして、上から（見ると）この国立競技場が浮き上がって（見えて）、最高の体験をさせてもらいました。ありがとうございます。

今宵のリングは蟻地獄。食うか食われるか、強いヤツが這い出せる。そんな闘いが、今日は繰り広げられてると思いますが、ひとつ最後まで楽しんでください。

ありがとうーッ！　やるかッ！　一、二、三、ダーッ！」

会場は割れるような騒ぎで、最高に盛り上がった。

実は、この頃に発売された『週刊プレイボーイ』（二〇〇二年十一月五日号）に、このスカイダイビングに関する猪木さんのコメントが掲載されている。

「最初、あの話を聞いた時は『30メートルのところから飛んでもらいます』ってことだったんだよね。で、『いいよ』って返事して、実際に飛ぶ段階になったら3千メートル（笑）。あれだけの高さから飛び降りろって急に言われたらふつうの人なら相当に勇気がいるだろうね。俺だって着陸する時、ひざにかなりの衝撃がくると思って怖かったんだよ。ほら、俺はもうひざの軟骨ないからさ。でも、それほどのショックもなかったんで自分でもびっくりしたなあ。

そうそう、一緒に飛んでくれた人がさ、緊張をほぐそうとして『あれが東京タワーです、あれが富士山です』って後ろで言ってるんだけど、不思議なもんで俺は妙に冷静な気分でさ、『そんなの知ってるよ！』って思ってたな（笑）。こんな感じで、正直言って恐怖心はあんまりなかったです。恐怖心というよりも冒険心、早く飛んでみたいっていう気持ちのほうが強かったからね」（原文まま）

そして、挨拶を終えた猪木さんは、その後リング周りに設置された指定の椅子に腰を降ろした。私はタイミングを見て近づき、「猪木さん、これ先ほどの……」と預かった「形見の時計」をお返しした。

「うん」

この時、猪木さんは「ありがとう」といった雰囲気でニコリとうなずいた。

結局、猪木さんと百瀬氏は、二〇〇三年の大みそかに開催された『猪木祭り』『K－1』『PRIDE』による三つ巴の対抗のイベントに絡み、袂を分かつことになるが、それまでは本当に仲がよく、まさに「蜜月」という言葉は、二人のためにあると言ってもいい雰囲気だった。

切符

「イノキボンバイエ！　イノキボンバイエ！」

二〇〇九年七月十二日、東京・六本木にあるＡＮＡインターコンチネンタルホテル東京（旧東京全日空ホテル）から六本木通りを通って渋谷方面に向かってクルマを走らせていると、六本木の交差点を過ぎた辺りで、聞き覚えのある『炎のファイター』が耳に入ってきた。

御存知の通り、『炎のファイター』とはアントニオ猪木の入場テーマ曲である。

「なんだ？　なんだ？　アントニオ猪木のパチンコ台のプロモーションか？」

そう思いながら、少し減速してクルマを走らせる。なぜかその音の正体を突き止めたくなったからだ。

翌日は『Ｋ－１ ＷＯＲＬＤ ＭＡＸ』のエースである魔裟斗のカウントダウン第二弾（二試合の引退試合のうちの一発目）が日本武道館で行なわれるため、前売りチケットが完売状態。関係者の誰もが「チケットがない！」と、この年初の嬉しい悲鳴をあげている。この日はＡＮＡインターコンチネンタルホテル東京で魔裟斗らの計量があり、私はそれを見終えてから、別の場所に移動する道すがらのことだった。

「一〇〇年に一度の大不況」

「自殺者過去最高」

「景況判断指数過去最低」

そんな話もメディアを通じて伝えられる昨今。ましてや二〇〇九年は、流行語大賞に「政権交代」が選ばれる御時世なのだから、なかなか厳しい世相であることは間違いない。

裏を返すと、「一〇〇年に一度」だと思えば、次の大不況が来た際にはこの世にいないのだから、それだけ希有な時期なのだと、いまのうちにそれを楽しもうと思えてくる。実際、それでも翌日の『K－1』のように、年に何度かだけはそういったありがたい話もあったりするのだ。浮き沈みの激しい世界だけに、それも当たり前だが、それでもなかなか最近は、その落差に驚くことも多々ある。

さて、クルマの外から聞こえてきた『炎のファイター』だが、渋谷の交差点付近まで来たところにある次の信号で、その音がピタリと私のクルマの後ろについた。

バックミラー越しにチラリと覗き見ると、最近のアントニオ猪木が愛用している赤いマフラーを首から下げた男の姿が小型バスの助手席に見える。ただしその絵面は胸もとから下のため、顔が確認できない。
〈アントニオ猪木のモノマネ芸人の方かなぁ〉
そう思いながら、くるりと後ろを振り向いて、思わず驚いた。
「本物のアントニオ猪木だ！　なんだ猪木さんじゃん！」
思わぬ本人の登場に、思いのほかそう驚いてしまったが、そんな矢先に信号が変わったため
クルマを直進させる。すると、猪木さんを乗せた小型バスは渋谷から新宿方向へ向かって右折。
チラリと右に目をやり、少しの間その小型バスを目で追うと、猪木さんを乗せた小型バスには、
それこそ何枚もベタベタとポスターが貼られている。見れば、それは約一カ月後に開催される
自身主催の『ＧＥＮＯＭＥ９』（二〇〇九年八月九日、有明コロシアム）のものだった。
つまりは「一〇〇年に一度の大不況」もなんのその。それすら吹き飛ばすほど、いつ何時で
もアントニオ猪木は逞しく、クルマの助手席から手を振って、「切符」（猪木さんは「チケッ
ト」をそう呼ぶ）を売り歩いているのだ。

あらたなる「殺し」

「アントニオ猪木のプロレスには『殺し』がある」

現役時代、「I編集長」からそう呼ばれていた猪木さんが現役を退いたいま、実はマット界とは別のジャンルにおいて「殺し」の能力が発揮されはじめたことは御存知だろうか。

二〇〇九年一〇月二十二日、東京・六本木ヒルズで行なわれた「第二十二回東京国際映画祭」のコンペティション部門に日本映画から唯一選出された、映画「ACACIA」（辻仁成監督／二〇一〇年六月公開）が上映された。同作品は、猪木さんが主演したため、私は前年の六月に行なわれた撮影中、撮影場所となった北海道の函館まで取材に訪れたこともあり、その完成を楽しみにしていた一人である。当初は、この日の上映前の舞台挨拶と併せて、猪木さんも出席する予定だったが、あいにく猪木さんは、九月末に都内の病院に入院し、同二十八日に約十三時間に及ぶ腰椎《ようつい》すべり症の手術を受け、一〇日ほど前に退院したばかりとあって、急遽この予定をキャンセル。

「元気があればなんでもできる」

常に猪木さんはそう言って挨拶しているのだから、裏を返せば、この日は「元気がない」ということになる。たしかに退院後に行なった会見でも「歩くのもしんどい」と話していた。

この日、舞台挨拶を行なった辻監督も、「撮影中（前年六〜七月）も腰痛が辛かったはずなのに、絶対弱っているところを見せなかった。本人が一番ここにいたかったと思う」と話していたが、たしかにスクリーン上における猪木さんは、スタスタと歩いている雰囲気ではなく、どちらかと言えばゆっくりと一歩ずつ歩を進めている印象だった。それも含めて演技なのか否か？ そう考えるとアントニオ猪木のリング上と同じく、まさに虚実皮膜の世界だった。

とはいえ、猪木さんの体調的な問題はともかく、私的には「ＡＣＡＣＩＡ」を興味深く鑑賞することができた。それは本作品では猪木さんの喜怒哀楽のそれぞれに、猪木さんらしい表情を目にすることができたからだ。

思えば、とくに一九八九年に猪木さんが政界に進出するまでの間、いわゆる「猪木信者」と呼ばれた人間は、毎週『ワールドプロレスリング』のなかにいるアントニオ猪木を観続けてきた。いまでこそ、いわゆるカルト宗教の影響もあって「信者」という言葉自体を口にすることを憚る傾向にあるものの、それまでは平然と「猪木信者」「猪木至上主義」といった言葉を口にしていた風潮が、猪木を観続けてきたファンの間には存在していたものだ。実際、リング上での結果に納得がいかず、蔵前国技館や両国国技館、大阪城ホールといった会場で暴動を起こしたこともあるのだから、そう思えばその当時の猪木には、確実に宗教にも似た（というかそのものか）側面が存在していたのは間違いない。

もちろんアントニオ猪木の醸し出すリング上には、猪木さんのよく言う「レスラーは『怒り』をどう表現できるか」といった部分も感じさせられはしたが、それ以外にも、勝利の雄叫びを上げる猪木や、クシャクシャな顔をして涙を流す猪木、鋭い眼光を放つ猪木、独特の笑みを浮かべる猪木……、そういった様々な、そしてまっさらな猪木の表情を包み隠さず窺い知ることができた。と同時に我々は、そういった猪木の一挙手一投足を、まさに自分の人生と重ね合わせながら興味深く観察し続けていたのだ。

聞けば、映画「ＡＣＡＣＩＡ」において、猪木さんが涙を流すシーンを撮る日には、朝からそこに向けて、入念な感情移入を行なっていたことが周囲にも見て取れたという。そうやって気持ちをつくりながら、どうすれば自分らしい哀しみが表現できるか。その部分を探っていたに違いない。

「プロレスと格闘技は同じものである」

かつて猪木さんはそう言って、独自の精神論を強調したが、おそらくそれとまったく同様の感覚で、猪木さんは映画「ＡＣＡＣＩＡ」を引き受けたに違いない。

たしかに誰だって、人には見せたくない姿がある。

だが、現役時代の猪木は、我々にすべての表情を晒してきた。なかには見られたくなかった姿や動作、場面もあっただろうが、それすら平気で晒してきた猪木に、我々は自然と惹かれていたのである。

結果的にはそうやって猪木はプロレス界のみならず、マット界全体を背負ってきたにほかならない。いや、その当時の猪木は、マット界の上に乗っていたのではなく、確実に猪木の手のひらの上にマット界全体を乗せていたのだ。そしてその姿勢こそ、師匠である力道山から猪木へと受け継がれた「殺し」の仕掛けだったに違いないが、現役を離れたいまもなお、アントニオ猪木はあらたなる「殺し」を仕掛け続けている――。

あとがき　「六〇億分の一の男」

『ＩＮＯＫＩ　ＢＯＭ－ＢＡ－ＹＥ（猪木祭り）２００１』

振り返ると、昨今の日本マット界に関わる誰もが、その脳裏にカネを描きはじめる傾向が強まったのは、二〇〇一年の大みそかにさいたまスーパーアリーナで開催された、この大会が発端だった。

それから都合九年間、私に限らずマット界に関わる人間は、大みそかにゆっくり過ごすことができなくなった。それだけ大みそかの視聴率には価値があるのだからしかたがない。

乱暴な言い方をすれば、ほかの三百六十四日という日数は、大みそかの前振りでしかない。これがＮＨＫの『紅白歌合戦』なら、別に出なくてもいい、という判断をするアーティストはいても、ファイターなら誰でも一度は大みそかに試合をしてみたいと思うはずである。いや、どうせ国民は大みそかにしか格闘技を観ないのだと割り切ってしまえば、大みそかにだけ出ようとする不届き者だって出現してくる。主催者からすれば、年間を通じて貢献したファイターのボーナスとして大みそかへの出場を考えたとしても、ファイターからすればそのほうが効率がいいのだから、年に一、二試合しかしないファイターからすれば、そう考えるのも当然と言えば当然なのかもしれない。

ともあれ、日本のマット界が大みそかという日付を抜きに語れなくなったことだけは間違いのない話なのである。

そして私とて、その一年を締めくくる最後の一日に対して、思い出深い出来事が、毎年のように目の前を通り過ぎていくようになっている。

決してそれが悪いと言っているのではない。むしろ、大みそかの大会を中継している限り、「世間」はこちらの世界を無視できないのだから、末永くいまの姿が続くことを願うばかりである。


さて、いまから四年以上前に当たる二〇〇五年の大みそか、日本列島はひとつの大一番を前に、テレビ画面に釘付けになっていた。

ついに、小川直也×吉田秀彦戦が行なわれるからである。ここで両者の因縁について論ずるつもりはないが、お互いが五輪のメダリストとして柔道を極め、プロ入りした経緯を持つことから、その対戦は世間を巻き込んだ注目の一戦となっていた。事実、開催地となったさいたまスーパーアリーナにおいては、四万九八〇一人の観客を動員（主催者発表）。これは未だに破られることのない記録となっているが、果たして、この年もここ数年同様、年末恒例ともいえる契約問題のトラブルに関する会見が行なわれていた。

この年の二年前に当たる二〇〇三年末は三つのテレビ局（日本テレビ、ＴＢＳ、フジテレビ）が、それぞれ『猪木祭り』『Ｋ－１』『ＰＲＩＤＥ』を中継。二〇〇四年と二〇〇五年は

『猪木祭り』は開催されなかったが、それでも二局による対立でお互いが鎬を削っていた。

十二月二十八日、夜一〇時か十一時を回っていたかと思う。携帯電話が鳴った。電話の相手は榊原信行氏。三日後に大一番を主催する『PRIDE』の代表である。きっと忙しさのピークにあるに違いないとは思いつつ、なにも考えずに電話に出た。

「あ、バラさん、お疲れ様です。なにかあったんですか?」

すると榊原氏は、挨拶もそこそこに、次の話を振ってきた。

「明日、大阪の『K-1(Dynamite!!)』の会見に行ってくれんかなぁ……?」

そんな感じだったと思う。用件は、グレイシー一族のホイス・グレイシーに関するものだった。その後、詳細に関してDSEの笹原圭一広報部長(現・DREAMイベントプロデューサー)と話した記憶がある。

この一年前、『PRIDE』側と交わした契約がありながら、ホイスがその契約を破り、この年の大みそかに大阪ドームで開催される『K-1 Dynamite!!』で元横綱・曙と対戦することになっていた。この際、『PRIDE』では記者会見を開き、ほぼひと月前に当たる十一月二十九日にアメリカ・ロサンゼルスの連邦地裁に、ホイスを契約違反で提訴したことを発表した。

「我々はホイスが出場し、曙戦を行なうことを邪魔するつもりはないし、低次元の争いもしたくない。ただし契約を破った者勝ちになってしまうことは許されない。正義がどこにあるのかハッキリさせたい。それだけです」

榊原氏は記者団にそう真意を話したのである。というのも、これは全選手に該当する話だが、『PRIDE』では契約に基づいて選手にオファーし、契約書に明記された事項に照らし合わせながら様々な提案をしている。仮にここを譲れば、ホイスに限らず、全選手に対して歯止めが利かなくなる、といったことが懸念されたからだ。

結局、ホイス側とは丸一年をかけて司法の場で争った結果、この日をもって和解。十二月二十九日、大阪・帝国ホテルにおいて、本人が声明を発表することになっていた。しかも、ホイスは書面を発表するだけではなく、必ず口頭で謝罪することになっていた。そこで私に、「それをキチンと確認してきてほしい。かかった経費は、領収書を持ってくれば精算する」といった依頼だった。

実は榊原氏から電話がかかってきた時、私は漫画家の車田正美《くるまだまさみ》先生にお誘いを受け、東京・銀座にある高級クラブで盛り上がっていた。それがどの大会であれ、会場に足を運ぶと、闘いをモチーフにした作品を描く漫画家の方々とすれ違うことがよくある。実際、そういった漫画家の方々は、誰もがこちらの世界と好意的に関わり、私自身、それなりに親交のある方も存在する。なかでも車田先生の作品である熱血漫画『リングにかけろ』と『風魔の小次郎』の直撃世代である私は、とくにその頃の秘話を先生から直接聞けると楽しくて仕方がない。これまで私は、いわゆる梶原一騎作品を含め、様々な漫画に影響を受けてきたが、やはり思春期に『リングにかけろ』と『風魔の小次郎』から受けた影響は、ほかの作品とは比べられないものがある。

かといって、まったく酒が飲めない私は、目の前をドンペリやら、値段の高そうなワインが何本も空になるなか、ウーロン茶を何杯もお代わりし続けていたが、そんな私でも朝まで平気で過ごせる雰囲気がそこにはあった。

「先生、明日は大阪に行くことになりました」

「気をつけて行って来いよ」

そんなやりとりを交わしつつ、あっというまに時間は過ぎ去っていった。そんな折、ふと気づくと私のポケットに入れていた、携帯電話につけていた木製のストラップが真っ二つに割れてしまっていた。それは私の名前が入ったもの。正直、私は気にも留めなかったが、「不吉だぜ」といった様子でそれを見ていた先生は、その後、私に向かってこう言った。

「大谷くん、これを持ってけよ」

先生はそう言って、自分の名前入りのストラップを代わりに手渡したのだ。私はこれ以上ないお守りを身につけた（これは後日、丁重にお返しした）。

結局、銀座の宴は朝まで続き、私はほとんど寝ずに、かなり早い新幹線で大阪へと向かった。大阪までは新幹線で数時間かかるため、その間は睡眠を取ることができる。

あまりよくは眠れなかったが、それでも多少なりとも睡眠を取った私は、新大阪駅からタクシーで帝国ホテルへと向かった。ホテルに到着すると、大会の前々日ということもあり、大みそかに出場する各選手が、次々と決められた時間に会見を行なっていた。記憶としては山本〝KID〟徳郁やボビー・オロゴンの顔は見たし、同世代として思い入れの深いK－1ファイター・武蔵とは仕上がり具合について、会話を交わしたことを覚えている。

そして私もほかのプレス（記者団）に混じってそのコメントを聞いていたが、しばらくすると、いよいよホイスの登場と相成った。

「親愛なる日本のファンの皆様へ
私と、（株）ドリームステージエンターテインメント（以下『ＤＳＥと略させていただきます』）とは、２００４年12月以来、私がＤＳＥと２００３年に締結した契約の違反をめぐって紛争関係にありました。この紛争につき、私とＤＳＥは和解に至ったことを本日お知らせしします。上記の紛争過程で、私は、上記契約の一部条項を私のマネージャーが誤った形で解釈し、これを私に伝えたために、結果的に私が契約を遵守しなかったとの認識を持ちました。この認識を私の方からＤＳＥに伝え、和解に至りました。当然、私はＤＳＥを侮辱するつもりはありませんでしたし、契約を違反するつもりもありませんでしたが、私の側で契約を遵守しなかったことから生じた混乱につき、ＤＳＥ、フジテレビおよびファンの皆様に深くお詫び申し上げます。

ホイス・グレイシー」（原文まま）

昨晩聞いた通り、ホイスは（英文の）書面を読み上げた。問題はこの後である。

〈果たして口頭でホイスは謝るのか……〉

固唾を呑んだつもりはないが、それでも少し緊張しながら待っていると、ホイスは記者団に向かってこう口を開いた。

「アイムソーリー。ゴメンナサイ」

それは実に弱々しい口ぶりだった。

「誰だって、人前で謝ることは極力したくない。それでも今回だけはそうしてもらわなければ、ほかのファイターへの示しがつかない」

きっとこれがＤＳＥの真意に違いない。

さらに言えば、この問題は謝罪の言葉だけで済むはずはなく、『Ｋ－１』側からそれ相応の和解金も支払われているだろう。契約社会である限り、それを反故《ほご》にする行為には、徹底的に闘っていく姿勢を持たなければ、選手の都合だけが優先されていくことになってしまう。

「一応、ホイスは『ゴメンナサイ』って謝ってましたよ」

早速、その様子を、たしか榊原氏に伝えた。

「ありがとう」

私はその言葉をもらうと、この日の各選手の会見を最後まで見届け、東京へ帰ろうと新大阪駅までタクシーを飛ばした。とくに東京へすぐに戻る用事もなかったが、かといってこのまま大阪にいるのも違うような気がしたからだ。


久々の大阪だったが、だからといってなにをする当てもなく、かといってお好み焼きやタコ焼きすら口にする気もなかった私は、新幹線内で食べようと、売店で幕の内弁当あたりの駅弁を買って、再び新幹線に乗り込んだ。

それからどのくらいの時間が経ったのだろう。その日の夕方、東京に戻る新幹線の車内で一息つきながらうつらうつらしていると、携帯電話のバイブレーターの振動で目が覚めた。

メールが届いたのだ。発信元はK－1イベントプロデューサーの谷川貞治氏だった。

「今日はスパイしに来たの？」

たしかそこにはそうあった。これに自分がどう返信したのかはもう覚えていないが、この後、何回かメールのやりとりをした記憶がある。

紀元前五〇〇年頃、中国に存在したという十三篇から形成される『孫子の兵法』なる兵法書がある。このなかの「用間篇」に敵情偵察の重要性を説いた間諜、つまりスパイに関する記述があるという。

原文を読んだわけではないが、何冊か『孫子の兵法』について書かれた文献を読むと、そこには「スパイを重要視せよ」と書かれている。

しかも、そこにはこうあるという。

「敵のスパイを懐柔し、二重スパイにすることが最も効果的である」

いま思えば、私は『K－1』でも『PRIDE』でもどちらでもよかった。谷川氏とはもう十五年以上の付き合いがある。仮に谷川氏に同じことを依頼されれば、同じことをしていたに違いない。

「その存在さえ知られぬよう、自軍を勝利に導く」

先にも書いた通り、少年時代、最も熟読した車田先生の連載漫画『風魔の小次郎』には、忍びたる者の掟についてそう描かれている。

だが、私にとっての自軍とは、『K－1』でも『PRIDE』でもなく、この世界全体を指す。都合がいいように聞こえるだろうが、これは偽らざる本音。なぜなら私は、結局のところ、全体論者でしかないからだ。付け加えるなら、この世界の「スパイ」なんて、発覚しても決して殺されるわけではない。そんなもの、実は「スパイ」でもなんでもないのである。

二〇〇九年の大みそか、さいたまスーパーアリーナで開催された『Dynamite!!』は、『K－1』と、『PRIDE』から分派して生まれた『DREAM』と『戦極（SRC）』が大同団結し、一年前、お笑い番組に奪われた視聴率民放第一位の座と「打倒紅白！」を掲げて闘いを挑んだ。当日は、読売、毎日、朝日といった三大新聞を含めた数多くのメディアも取材に訪れ、二〇〇二年以来のひとつの集合体として、同所における三年ぶりのスタジアムバージョン（同所は椅子が可動し、広さを変えられる）での開催を実現させた。その結果、四万五六〇六人の観客を動員（主催者発表）。これだけの不況下にあって、同所における歴代第七位の観衆を集めることに成功した。

惜しむらくはそのなかに、前年の大みそかに同所で開催された同大会の主役だった田村潔司と桜庭和志の双方の試合がなかった、という点において、若干の寂しさを感じたものの、主役が毎年変わるという特色があったればこそ、大みそかの格闘技番組がここまで続いたのだと思えば、それもいたしかたないのかな、と思ってみたりもする。

それでも、魔裟斗の引退試合と、吉田秀彦×石井慧の柔道五輪金メダル対決、『DREAM』×『戦極（SRC）』の対抗戦まで抱き合わせた、見どころ満載の大会は、結果として平均視聴率十六・七％（第二部／瞬間最高視聴率は二十四・三％）を弾き出し、二年ぶりに民放第一位を奪還。つまり細かくは違っても、やはり同じ穴のムジナであり、大きく言えば「仲間」ではないか。

とは言いながら、あの頃の『K－1』と『PRIDE』には、双方ともそんな理屈が通用しない熱を持った人物が数多くいたのもまた事実。そう思えば私は二〇〇五年の大みそか前々日、あのお守り（ストラップ）のおかげで、最悪の事態は免れることができたのではないかと、いま勝手に思っている。

ちなみにそのストラップには車田先生の名前の裏に、こう記されていた。

「真実一路」

そして、たしかに『K－1』と『PRIDE』は鎬を削ってはいたが、だからこそこの世界は「世間」に対して、その盛り上がりを認識させることにも成功したのだ。私の役割は、その手伝いができればそれでいい。なぜならどこまで行っても、敵は「世間」でしかないのだから。

そして、実を言うと敵である「世間」と真逆に位置する概念にこそ、本書のテーマとなった「殺し」の存在がある。裏を返せば「世間」に対する意識にこそ、「殺し」を考えるきっかけが潜んでいる、といえるのかもしれない。

ここまで長らく「殺し」の構造を探ってきた。

では、なぜそこまで「殺し」の必要性を説くのか。「殺し」に固執するのか。

「殺し」が無用の長物扱いにされることを危惧するのか。

最後に、これについて説明したい。

それは、大げさに言うなら、生きていることの意味を逆説的に問うための手段だと思ってもらえばいいだろうか。

要するに、あらためてその理由らしきものを明確にするなら、おそらくそれは、昨今の人間社会が、どこか「バーチャル（仮想的、擬似的）」と呼ばれる非現実的な世界観を有していることと無縁ではないように思う。

たしかに、いくら写真や映像で戦争の悲惨さや飢餓に苦しむ人々を映し出そうと、なかなかそれを実感として認識できないのも本音なのだ。そして、テレビゲームやアニメをはじめとする、そういったファンタジーの素晴らしさも、十二分に理解はしている。

だが、それを基準に物事を想定してはおかしなことになってしまう。どれだけ他人が不幸であってもあくまで他人事で、しかも大自然の夕陽の壮大さと画面上にある夕陽のクリアさを同じ基準で語るなんて、どう考えても危険なことに決まっているからだ。

つまり世の中が現実を直視させず、不必要に心地のよい逃げ場を与えてしまう社会構造に侵食されていくのにも似て、マット界から「殺し」の存在が消えてしまうことは、人間にとって避けては通れない「死」の存在から目を逸らすことにつながりはしないか。ひいてはそれが、むしろ「死」を軽く見ることにはなっていきはしないか。その部分に私は、異様なまでの恐怖感を覚えるのである。

この見解は、「殺し」という言葉を生み出した「I編集長」の意図とは若干違うかもしれないが、少なくとも私にはそう思えてしかたがない。

とはいえ、いま現在の私が、実はそんな大それたテーマを抱きながらこの世界で生きていることを把握してくれる人は、そこまで多くはない。世の中、そんなに甘くはないのである。だからというわけではないが、私は切羽詰まった場面に直面する度にこう思うのだ。

「ここで折れてなるものか！」

つまりは正念場に立った時、そういう気構えを持つこと。これを持つことこそが重要なのである。

そして、そういった事柄の積み重ねこそが『ＲＲＩＤＥ』をつくり、今日のマット界を形成してきたのだろう。

そのなかにあるほんの端っこに、難攻不落の男である田村潔司との奇妙かつ理解不能なやりとりも含まれているのかと思うと、やはりこの世界は希有な空間この上ない、といった心境に自然と陥ってしまう自分がいる。

　とはいえ、そんな相手に肉薄する機会に巡り会うことは、人生のなかでそこまで多くはない。おそらくそれはマット界のみならず、現代の世の中においては極めて特異な例に違いない。なぜなら、試合のオファーがある度に、割に合わないことを承知の上で、それでも、きっとそこにマット界に棲む人々の明るい希望があると信じながら、自分の気力と体力の限界に挑戦することを余儀なくされるからである。

　曰く、先に記した具体例以外は割愛するが、私にとって田村から出題される超難問をクリアするには、例えるなら宮沢賢治の遺した『雨ニモマケズ』の心境を胸に立ち向かわなければ、まったく太刀打ちできないと思えるほど。つまり、それはそれで貴重な体験をさせてもらっていると感謝しているのだ。

　ちなみに、第1章で触れたが、田村がヘンゾ・グレイシーに勝利した試合（二〇〇〇年二月二十六日、日本武道館）は、田村の直訴により実現したもの。この時、田村は自らのテーマ曲ではなくUWFのメインテーマ曲で入場し、ヘンゾを下している。これは『KOKトーナメント決勝戦』（ワンデートーナメント）の二回戦での話だったが、田村は続く準決勝では自らのテーマ曲で入場し、レナート・ババルに敗れたものの、堂々の第三位に輝いた。これは、結果として「田村は敗れたが、Uはグレイシーに勝利した」という事実を残したことになる！

ただし、もし田村がグレイシーに敗れていれば、まったく真逆の評価になっていたことを思うと、その無謀さに怖くなるが、それでも、そういった大きな賭けにも悠然と挑み、キッチリと結果を残せる強運な男が田村なのだ。それは『UFC』の現役王者（旧ライト級）であるパット・ミレティッチから勝利を果たした（同年八月二十三日、大阪府立体育会館）ことも同様である。いや、評価こそ低かったが、これなんて本当に凄いことではないか！

だからこそ、やはりファイターとしての田村の強運と価値の高さが、この世界には必要とされるのである。

さらに言えば、これが『PRIDE』時代となると、榊原氏による強力な後方支援も存在したのだ。例えばそのひとつが、ここぞという時に、榊原氏の手によってその思いをつづった手紙が選手宛てに送られていたこと。その相手は髙田延彦をはじめ、田村潔司、桜庭和志、小川直也、髙山善廣、藤田和之、ヴァンダレイ・シウバ……等々。相手のことを思いながら、どれだけそのファイターが『PRIDE』に必要なのか、相手の気持ちを動かす熱のこもった手紙をしたためる。

実を言うとこれは、基本中の基本といえる行為なのかもしれないとは思うものの、実際にはなかなかできることではない。自分の思いを一方的に書きなぐるのではないのだから、それだけでも並大抵のことではないし、ましてや『PRIDE』の代表という最終決定権を持つ人物の手紙である。内容によっては、それを先方に都合良く使われる可能性だってあるかもしれないのだ。

しかも、その一通が『ＰＲＩＤＥ』の命運——つまりマット界の命運を左右するかと思えば、どれだけの尋常でないエネルギーを必要とするか……。

あぁ、考えるだけで私は、自然とカラダが震えてくる。

そう思うと『ＰＲＩＤＥ』は、それだけ不世出な人物たちの集合体だったことを、あらためて実感させられるのだ。

そしてその不世出の人物たちを間近で体感できたのだと思うと、それだけで私は非常に光栄に思えてくる……。

結果的に『ＰＲＩＤＥ』には様々な強豪ファイターが集結していたように思う。

その最大の要因はなにか、といえば、それは先にも触れた通り、ズバリ言ってカネである。つまり身も蓋もない言い方になるが、どれだけ稼げるか。その点を抜きに考えることは野暮である。ただし、とくに日本人選手の場合、カネ以外の感情や筋論もあったりするから、ややこしさに拍車がかかる。

だが、そういった側面を抜きに語れないのを前提に、素敵な秘話の持ち主として右に出る者がいないファイターの一人にイゴール・ボブチャンチンがいる。
「ロシア・ウクライナ出身のボブチャンチンは、試合する相手が誰なのかも知らずに日本にやって来る。母国語しか理解できない彼はホテルの部屋から一歩も出ず、狭い空間で、試合前の数日間、トレーナー相手にミット打ちの稽古くらいしかやらない。そして、リングに上がるとどんな強敵が相手でもひるむことなくぶつかっていき、勝利する」（百瀬博教著『プライドの怪人』より／原文まま）
ロシア出身というと、いまでこそ「六〇億分の一の男」とされるエメリヤーエンコ・ヒョードルの印象が強い。だが私は、直接的な付き合いこそないものの、一時期は「ロシアンフック」で名を馳せ、「北の最終兵器」と呼ばれたボブチャンチンに対して、どのファイターにもない好感を持っている。

「話がある」

誰に限らず、ファイターが主催者にそう告げる際は、ほとんどがカネ、つまりファイトマネーの吊り上げ交渉だと思っていい、という説がある。私は主催者になったことがないため、その真偽のほどはわからないが、なんとなく有り得る話のような気もする。

そしてボブチャンチンに関しても、その真偽のほどはわからないが、おそらく真実なのだろうな、と思わせる逸話が残っている。

ある日、それまでファイトマネーに関して、すんなりと話を受け入れてきたボブチャンチンから「話がある」と言ってきた。

「ボブチャンチンもいよいよ来たか」

そう思いながら交渉のテーブルに着くと、彼はこう言ったという。

「実は会場で私のTシャツが売られているのを見かけました。できれば三枚ほどいただくことはできないでしょうか」

拍子抜けしたのは主催者である。

「どうぞ、どうぞ。三枚と言わず三〇枚でも差し上げます」

そう言ったかは定かではないが、そんなことは朝飯前である。

そしてボブチャンチンは続けた。

「もうひとつ話があるんです」

〈今度こそ来たか。Tシャツの話は前振りだよなぁ〉

そう思っていたかは知らないが、とにかく次の言葉を待っていると、ボブチャンチンはこう言った。

「パンフレットをもう何冊かもらえないでしょうか」

〈おいおい、まだ本題じゃないのかよ〉

そう思いながら「どうぞどうぞ。すぐに用意させます」と主催者。

すると続けてボブチャンチンは「もうひとつだけ話があるんです」と口にする。

〈ああ、やっぱりね。少しは上乗せしなきゃな〉

そう思っていた頃だったのかは知らないが、どの程度の金額になるのかなどと考えていると、ボブチャンチンはこう言った。

「日本には紅葉というものがあるそうですね。是非とも私を、その紅葉が見られる季節に呼んでもらえないでしょうか」

そしてボブチャンチンからは、とうとうカネの話は出なかったという。

そんなボブチャンチンの人柄こそ「六〇億分の一の男」にふさわしい気がするのは私だけだろうか……。


最後に、本書の出版に際し、貴重な助言や尽力をいただいた方々、常日頃から気にかけていただいている内館牧子さん、急に押しかけても嫌な顔をせずに私のひん曲がったカラダをケアしてくださる廣戸道場の廣戸聡一先生、湯島針灸院の五味彰先生、さらに心強い味方となってくれた担当編集者の有馬大樹氏、そして見ず知らずの私の原稿をカタチにする英断をしていただいた見城徹社長には、深く御礼を申し上げつつ、本書を締めくくりたい――。

二〇一〇年三月吉日

東京・三軒茶屋の仕事場にて

〝Ｓｈｏｗ〟大谷泰顕

本書は書き下ろしです。
原稿用紙478枚（400字詰め）。

〈著者紹介〉
大谷泰顕　埼玉県出身。某医大を中退し、両親に多大なる心労と金銭的負担をかけた後、マット界を席巻。雑誌や新聞、テレビ等の様々な媒体で格闘技関連の取材を続けるうち、アントニオ猪木や髙田延彦をはじめ、船木誠勝、田村潔司、髙山善廣、桜庭和志らに肉薄していく。監修書に『U多重アリバイ』(スコラ刊)、『オーバー・ザ・シュート』(メディアワークス刊)などがある。愛称は「Show(ショウ)」。

「PRIDE」最後の日
「殺し」の継承
2010年4月10日　第1刷発行

GENTOSHA

著　者　大谷泰顕
発行者　見城 徹

発行所　株式会社 幻冬舎
〒151-0051 東京都渋谷区千駄ヶ谷4-9-7

電話:03(5411)6211(編集)
03(5411)6222(営業)
振替:00120-8-767643
印刷・製本所:中央精版印刷株式会社

検印廃止

ISBN978-4-344-01812-9 C0095
幻冬舎ホームページアドレス　http://www.gentosha.co.jp/

この本に関するご意見・ご感想をメールでお寄せいただく場合は、comment@gentosha.co.jpまで。